O Plano Mental ou Mundo Céu

C. W. Leadbeater

O Plano Mental ou Mundo Céu

EDITORA
TEOSÓFICA

The Theosophical Publishing Society
London and Benares - 1902

SIG Quadra 6, Lote 1235
70.610-460 – Brasília-DF – Brasil
Tel.: (61) 3322.7843
E-mail: editorateosofica@editorateosofica.com.br
Site: www.editorateosofica.com.br

L434 Leadbeater, C. W.

O plano mental ou mundo céu / C. W. Leadbeater;
Tradução de Cinira Riedel Figueiredo;
Brasília: Editora Teosófica, 2ª ed., 2022.
136 p

Título original: The devachanic plane or the heaven world its characteristics and inhabitants.

ISBN 978-85-7922-184-2

1. Origem e destino da alma 2. Teosofia
II. Título

CDU 141.332

Revisão: Valéria Marques de Oliveira
Diagramação/capa: Ana Paula Cichelero
Impressão: Gráfika Papel e Cores (61) 3344-3101
E-mail: papelecores@gmail.com

Sumário

Prefácio da Edição Brasileira..........07

Prefácio da Edição Inglesa..........15

1. Introdução..........17

2. Características Gerais..........25

Uma bela descrição. A felicidade do mundo celeste. O novo método de cognição. O ambiente. As grandes ondas. Os mundos celestes inferiores e superiores. Ação do pensamento. Formas-pensamento. Os subplanos. Memórias do passado.

3. Os Habitantes..........51

I – Humanos..........51

Os encarnados. No sono ou em transe. Os desencarnados. Qualidades necessárias para a vida celeste. A primeira entrada na vida celeste. Os céus inferiores. A realidade da vida celeste. A renúncia à vida celeste. Níveis mais elevados.

II – Não Humanos..........114

O que é. O velar do espírito. O reino elemental. Como a essência evolui. O reino animal. Os *devas* ou anjos. Classificação *dévica*.

III – Artificiais..........128

Conclusão..........131

Prefácio da Edição Brasileira

Muitos creem ser impossível se conhecer algo da vida após a morte, mas Charles Webster Leadbeater (Stockport, Reino Unido, 1847 – Pearth, Austrália, 1934) desenvolveu uma renomada e testada clarividência, e apresentou evidências de poder ver mais do que o ser humano comum pode ver. Em sua obra *Química Oculta*, juntamente com a Dra. Annie Besant, Leadbeater antecipou descobertas da ciência que puderam ser comprovadas décadas depois.

Pode ser oportuno lembrar o mais recente reconhecimento da comunidade científica à clarividência, talvez o maior de todos os tempos, além da publicação de vários livros a respeito por outros cientistas, que foi o artigo[1] do Dr. Jeff Hughes da Universidade de Manches-

---

[1] HUGHES, Jeff. Occultism and the atom: the curious story of isotopes. *Physics World*, Bristol, UK, p. 31-35, Sep. 2003. [ISSN: 0953-8585]

ter na revista científica *Physics World* publicado em setembro de 2003 sobre a obra *Química Oculta* supramencionada, de autoria da Dra. Annie Besant e do Bispo + C.W. Leadbeater. Na publicação do livro Clarividência de Leadbeater pela Editora Teosófica, cuja leitura se recomenda, foi apresentado um brevíssimo resumo da obra *Química Oculta* de pesquisa clarividente publicada em 1908, bem como das extraordinárias antecipações que assim fizeram estes renomados clarividentes em diversas descobertas científicas, particularmente do metaneon (1913), dos isótopos do hidrogênio (1932-1934) e dos quarks (1963).

Dessa forma, por meio de uma espécie de reinterpretação da química, Leadbeater sustenta que o mundo dos assim chamados mortos ou Plano Astral contém ou interpenetra o mundo físico dos vivos, pois cada átomo do mundo físico seria constituído da condensação de matéria astral que é mais sutil. O Plano Astral (que ele descreve detalhadamente no seu livro *O Plano Astral*, publicado pela Editora Teosófica em 2014) é assim sinônimo do mundo da quarta dimensão ou do que os gregos chamavam de *Hades* (invisível). Portanto, tudo que existe no Plano Físico está contido e tem uma contraparte astral, mas como o Plano Astral tem mais dimensões, existem muito mais seres e coisas nele que não existem no físico. O mesmo raciocínio se aplica às dimensões ainda superiores[2], ou seja, o ser humano vive dentro de Deus (por assim dizer, a última dimensão) sem perce-

---

[2] Leadbeater reinterpreta os antigos sete *Lokas* ou mundos da tradição hindu renomeando-os com nomes ocidentais (LEADBEATER, 1994, p. 46), a saber: *Bhurloka* ou Plano Físico, *Bhuvarloka* ou Pla-

bê-Lo: "Nele vivemos, e nos movemos e temos o nosso ser." [Atos XVII: 28]

O Plano Mental, mundo céu ou quinta dimensão é assim uma espécie de continuação de sua obra *O Plano Astral* ou quarta dimensão, que se refere, em alguma extensão, mais propriamente ao que popularmente foi conhecido como purgatório, referindo-se a diferentes dimensões ou estágios da vida após a morte. Na verdade, Leadbeater não os investiga apenas como estágios do *post-mortem*, mas também principalmente dimensões mais permanentes que o Plano Físico, e que o interpenetram e influenciam agora enquanto vivemos aqui neste mundo. Tal é o estudo feito em outra de suas obras, *O Lado Oculto das Coisas*, também publicada pela Editora Teosófica.

Leadbeater descreve com acuidade, a partir de sua cuidadosa investigação clarividente, em *O Plano Mental*, cada um dos sete subplanos de diferentes densidades e os estados mentais que a eles correspondem, pois mais do que propriamente um lugar, o céu e suas subdivisões na quinta dimensão correspondem a estados vibratórios que afetam a mente. Na condição *post-mortem*, a cada subplano corresponde a colheita de um esplendor resultante de algum tipo de aspiração altruísta ou idealista norteadora na personalidade, que foi sua causa na vida terrestre. Ele também comenta que há quem despreze

---

no Astral ou Emocional ou Purgatório, *Svarloka* ou Plano Mental ou Céu, *Maharloka* ou Plano Intuicional, *Janarloka* ou Plano Espiritual ou Nirvana, *Taparloka* ou Plano Monádico, e *Satyaloka* ou Plano Divino. (LINDEMANN, R. & OLIVEIRA, P. *A Tradição-Sabedoria*. Brasília: Teosófica, 2011. p. 41)

este conhecimento, porém afirma que aqueles que o têm, mesmo que apenas intelectualmente, "percebem a verdadeira proporção entre o fragmento físico da vida e o restante dela, e não dispendem todo o seu tempo aqui só trabalhando para este fragmento negligenciando totalmente o restante, mas encaram a vida em seu conjunto e a vivem inteligentemente." [3]

Embora haja correlações nas diversas religiões entre o Plano Mental e o céu, *sukhāvatī*, *devachan*, etc., o autor preferiu posteriormente evitar tais denominações, principalmente a última, alegando que pesquisa ulterior indicou que sua etimologia poderia ser imprecisa ou induzir ao erro, particularmente porque em cada religião tais termos vêm associados a outros conceitos. O caso mais grave, que ele trata em outras obras como *O Plano Astral* (Ed. Teosófica), é o de se confundir o sétimo subplano astral como o inferno cristão, porque um inferno eterno absolutamente não existe, uma vez que não existe ali qualquer correlação com uma danação ou sofrimento eternos, mas apenas um sofrimento transitório e proporcional aos desejos e apegos que mantém ainda a personalidade presa à Terra, mesmo depois de perder o corpo físico. Evidentemente, nem todos criarão condições para passar conscientemente por isso, mas justamente este conhecimento pode ser muito útil para libertar a personalidade de tais sofrimentos subjetivos, ilusórios e desnecessários, auxiliando-a a libertar-se e ascender aos esplendores do Plano Mental ou Mundo Céu. Leadbeater enfatiza: "A experiência tem demonstrado

---

[3] LEADBEATER, C.W. *O Que Há Além da Morte*. São Paulo: Pensamento, s. d., p. 36.

que participam destas vantagens mesmo os homens que tão só ouviram falar dessas verdades uma única vez (por exemplo, numa conferência) e as consideram, em suma, como uma dessas tantas hipóteses insuficientes para induzi-los ao estudo." [4]

Esta obra esclarece com extraordinária leveza e precisão os elevados graus de progresso e desenvolvimento humano, que poderá ser acessado por todos que se disponham a um trabalho de desprendimento e purificação de sua natureza inferior. O leitor verificará que o Plano Mental está repleto de luz e atividade, e que nele não penetram as perturbações dos mundos que lhes são inferiores, como o astral e o terreno, semelhantemente a um avião que sobrevoa as nuvens da tempestade.

Em sua conclusão, Leadbeater reconhece humildemente a limitação da linguagem para descrever os esplendores do Plano Mental ou Mundo Celeste, mas alude a esplendores muito maiores e mais difíceis de imaginar-se nos Planos Intuicional ou *Búddhico*, e Espiritual ou *Nirvânico*, que lhe são ainda superiores ou mais sutis. A estes ele não dedicou obra específica, embora faça alguma tentativa de descrição em A *Mônada*, também de sua autoria, por considerar demasiado grandiosos para poderem ser descritos com precisão na linguagem humana, ainda que caracterizem estágios posteriores do próprio desenvolvimento humano, pois como afirma Collins: "A alma do homem é imortal, e o seu futuro é o futuro de algo cujo crescimento e esplendor não têm limites."[5]

---

[4] *Ibidem*, p. 36.

[5] COLLINS, M. *O Idílio do Lótus Branco. Brasília*: Teosófica, 2000.p. 111.

Em outra de suas obras, chamada Os *chakras*, como são chamados nos textos clássicos de *Yoga* aqueles centros de força que interligam o duplo etérico com o corpo astral, Leadbeater sugere o caminho pelo qual tal faculdade de clarividência pode ser desenvolvida com segurança. Os *chakras*, termo que em sânscrito significa literalmente 'rodas', devido ao seu formato, são despertados à plena atividade pela passagem por eles da grande energia de *kundalinī* ou fogo serpentino, como é mencionado naquele respectivo capítulo. Na verdade, o pleno desenvolvimento da clarividência depende do despertar do poder do fogo serpentino ou *kundalinī* e envolve uma questão moral, como afirma Leadbeater em Os *chakras*, que também será publicado pela Editora Teosófica em 2019: "manejá-lo sem compreendê-lo é muito mais perigoso do que uma criança brincar com dinamite. Com razão diz desta energia um livro hindu: 'Liberta o iogue e escraviza o insensato.'[6] "[7] Também costumava citar *Aos Pés do Mestre* (Ed. Teosófica): "Não desejes os poderes psíquicos; eles virão quando o Mestre entender ser melhor para ti possuí-los. Forçá-los muito cedo traz em seu treinamento, frequentemente, muitas perturbações; e seu possuidor, muitas vezes, é desorientado por enganosos espíritos da Natureza, ou torna-se vaidoso e julga-se isento de cometer erros; em qualquer caso, o tempo e a energia despendidos em adquiri-los poderiam ser utilizados em trabalho para os outros. Eles virão no curso do teu desenvolvimento – eles têm de vir; e se o Mestre en-

---

[6] *Hatha Yoga Pradipika, III*: 107.

[7] LEADBEATER, C.W. *Os Chakras*. São Paulo, Ed. Pensamento, 1974. p. 103.

tender que seria útil para ti possuí-los mais cedo, Ele te ensinará como desenvolvê-los com segurança. Até então, estarás melhor sem eles." [8]

Tudo parece indicar que um passo importante para a libertação do sofrimento será dado se a pesquisa nesta direção de desvendar a verdadeira constituição humana e os estados após a morte puder prosseguir com sucesso, promovendo mais saúde, autoconhecimento e, consequentemente, genuína felicidade. Agradecimentos são devidos a todos que de alguma forma contribuíram para esta inspiradora edição.

Brasília, 02 de abril de 2019.

+ Ricardo Lindemann
Diretor da Editora Teosófica
Ex-Presidente Nacional
da Sociedade Teosófica no Brasil

[8] KRISHNAMURTI, J. Aos Pés do Mestre. Brasília: Teosófica, 1999. p. 46-7.

Prefácio da Edição Inglesa

O leitor neste livro encontrará uma exposição simples dos ensinamentos teosóficos, de fácil compreensão.

A Teosofia não é somente para eruditos. É para todos. Para aqueles que nas páginas seguintes percebam os primeiros vislumbres dos ensinamentos teosóficos e desejem penetrar mais profundamente em sua filosofia, ciência e religião, e abordar os seus mais intrincados problemas com o zelo do estudante e o ardor do neófito.

Este livro não foi escrito somente para o estudante entusiasta, que não se atemoriza com as dificuldades iniciais, mas também para as pessoas ocupadas em suas jornadas de trabalho, que estão ávidas de compreender algumas das grandes verdades que tornam mais suportável a vida e menos temível a morte. Escrito por servidores dos Mestres, os Irmãos Maiores da humanidade, e não pode ter outro objetivo senão o de servir ao próximo. É a continuação do que publicamos anteriormente, *O Plano Astral*[1] . Cabe-nos a esperança de que quem leia com suficiente interesse, e sobretudo medite no que leu, adquira uma ideia geral dos Planos Astral e Mental, de sorte a capacitar-se para compreender, em sua verdadeira posição e lugar, os fenômenos relacionados.

---

[1] LEADBEATER, C. W. , *O Plano Astral*, Brasília: Ed. Teosófica, 2014. (N.E.).

Capítulo 1

Introdução

No livro *O Plano Astral*, buscou-se descrever, até certo ponto, o Plano de mesmo nome — a parte inferior do vasto mundo invisível no meio do qual vivemos e nos movemos despreocupadamente. Aqui será empreendida a tarefa ainda mais difícil de buscar dar alguma ideia do estágio seguinte — o Plano Mental ou o Mundo Celeste, frequentemente mencionado em nossa literatura teosófica como o *Devachan* ou *Sukhavatī*.

Ainda que chamemos este plano de o Mundo Celeste, implicitamente temos em mente que ele contém a realidade que fundamenta todas as melhores e mais espirituais ideias do céu que foram propostas em várias religiões; no entanto, não se deve, de modo algum, considerá-lo apenas desse ponto de vista. É um reino da natureza que é de extrema importância para nós — um vasto e esplêndido mundo de vida vívida, no qual atualmente vivemos, bem como nos períodos intermediários entre as encarnações físicas. É apenas o nosso escasso desenvolvimento, a limitação que nos é imposta por este manto de carne, que nos impede de compreender plenamente que toda a glória do céu está aqui e agora ao nosso redor, e que as influências que fluem do mundo celeste atuariam em nós se tivéssemos a capacidade de compreendê-las e recebê-las.

Por mais impossível que isso pareça ao profano, é a mais sensível realidade para os ocultistas. Para aqueles que ainda não compreenderam esta verdade fundamental, repetiremos o conselho de Gautama, o Buda: "Não vos queixeis nem choreis nem supliqueis, e sim, abri os olhos e vede, porque a luz vos envolve e só vos falta arrancar a venda dos olhos e olhar. É algo admirável, belo, muito além de tudo quanto o homem sonhou, ou rezou, e é, além disso, sempiterno"

É absolutamente necessário que o estudante de Teosofia compreenda esta grande verdade: que em nosso Universo existem vários planos ou divisões, cada um com sua matéria peculiar e um grau de densidade apropriado, que, em cada caso, interpenetra a matéria do plano contiguamente inferior. Também deve ser claramente entendido que as palavras "superior" e "inferior", com referência a esses planos, não denotam suas posições, pois que todos ocupam o mesmo espaço, senão tão só indicam o maior ou menor grau de matéria da qual eles são respectivamente compostos, ou, em outras palavras, na medida em que suas matérias são divididas — como todas as matérias as quais conhecemos, que elas são essencialmente as mesmas, diferindo apenas na extensão de sua subdivisão e na rapidez de sua vibração.

Portanto, falar de um indivíduo como passando de um desses planos para outro não significa, no mínimo, qualquer tipo de movimento no espaço, senão simplesmente uma mudança de foco de consciência. Porque cada ser humano tem em si mesmo matéria de cada um desses planos e um veículo ou corpo correspondente a cada um deles, por cujo meio pode atuar quando sabe manejá-lo. Assim, passar de um plano para outro equivale a mudar o foco da consciência de um dos veículos para outro, de forma a usar durante um tempo o corpo astral, ou o mental, ao invés do físico.

Naturalmente, cada um desses corpos responde apenas às vibrações de seu próprio plano; e assim, enquanto a consciência do indivíduo está focada em seu corpo astral, ele só perceberá o mundo astral, assim como enquanto nossa consciência está usando apenas os sentidos físicos, não percebemos nada além deste mundo físico — embora ambos esses mundos (e muitos outros) existam e estão o tempo todo em plena atividade ao nosso redor.

De fato, todos esses planos constituem um potente e vívido conjunto, embora nossas ainda débeis faculdades só nos permitam perceber simultaneamente uma parte muito pequena deles.

Ao considerar o tema de localização e interpenetração, devemos precaver-nos contra possíveis erros. Deve-se compreender que nenhum dos três planos inferiores do Sistema Solar é coextensivo com ele, exceto no que diz respeito a uma condição particular da subdivisão mais alta ou atômica de cada um. Cada planeta ou globo físico tem também seus peculiares mundos astral e mental. E cada globo físico tem seu Plano Físico (incluindo sua atmosfera), seu Plano Astral e seu Plano Mental, todos interpenetrando-se mutuamente e, portanto, ocupando a mesma posição no espaço, mas todos completamente separados e não se comunicando com os planos correspondentes de qualquer outro globo. É somente quando alcançamos os elevados níveis do Plano *Búddhico* que encontramos uma condição comum a todos os planetas de nossa cadeia.

Todavia, há uma condição da matéria atômica de cada um desses planos que é cósmica em sua extensão; de modo que se possa dizer que os sete subplanos atômicos de nosso Sistema, separados dos demais, constituem um Plano Cósmico — o mais baixo é às vezes chamado de Plano *Prakritico* Cósmico.

O éter interplanetário, por exemplo, que parece se estender por todo o espaço — de fato deve fazê-lo, pelo menos até a estrela mais distante visível; caso contrário, nossos olhos físicos não poderiam perceber aquela estrela — é composto de átomos ultérrimos da matéria física, em sua condição normal e descomprimida. Mas todas as formas inferiores e mais complexas de éter existem apenas (tanto quanto é atualmente conhecido) em conexão com os vários corpos celestes, agregados em torno deles exatamente como sua atmosfera é, embora provavelmente se estendendo, de forma considerável, além de sua superfície.

O mesmo acontece com os Planos Astral e Mental. O Plano Astral de nosso planeta interpenetra o globo terrestre e sua atmosfera, porém, estende-se além de sua atmosfera, e por isso os filósofos gregos denominaram ao Plano Astral de o Mundo Sublunar. O Plano Mental interpenetra o Astral e estende-se mais além.

Unicamente a matéria atômica livre dos Planos Físico, Astral e Mental é coextensiva com o éter interplanetário, e, portanto, um indivíduo não pode passar de um a outro planeta em corpo astral ou em corpo mental, como não pode passar em corpo físico. Mas, aqueles que conseguiram elevar suas consciências até este nível, podem fazê-lo em corpo causal altamente desenvolvido, mas não com tanta rapidez como no Plano *Búddhico.*

A clara compreensão destes fatos impedirá a confusão em que têm incorrido alguns estudantes, entre o Plano Mental correspondente ao planeta terrestre e os outros globos de nossa Cadeia, existentes no Plano Mental. É preciso compreender que os sete globos de nossa Cadeia Planetária são realmente globos que ocupam definidas e separadas posições no espaço, apesar de alguns deles não estarem no Plano Físico. Os globos A, B, F e G estão separados do nosso e um do outro, tanto como Marte está separado da Terra, com a única diferença que enquanto a Terra tem peculiares Planos Físico, Astral e Mental, os globos B e F estão no Plano Astral e os A e G no Plano Mental. O Plano Astral e o Plano Mental são peculiares da Terra e nada têm a ver com os demais planetas acima referidos.

O Plano Mental, onde se manifesta a vida celeste, é o terceiro dos cinco grandes planos com os quais a humanidade está atualmente relacionada, tendo abaixo o Astral e o Físico, e acima o *Búddhico* e o *Nirvânico.* É no Plano Mental que o ser humano passa a maior parte do tempo durante o transcurso de sua evolução, a menos que esteja em um estágio inicial de seu progresso. Exceto no caso daqueles completamente não desenvolvidos, a proporção da vida física, em relação à vida celeste, raramente ultrapassa uma para vinte vezes, enquanto que, no caso de pessoas razoavelmente bondosas, às vezes, incorre numa proporção de uma para trinta vezes em duração.

O Plano Mental é a peculiar e permanente morada do Ego, sendo cada descida à encarnação apenas um curto, mas importante episódio de seu caminho. Portanto, não serão perdidos nem o tempo nem os esforços empregados em adquirir o maior conhecimento possível da vida celeste enquanto estivermos aprisionados no corpo físico.

Infelizmente tropeçamos em dificuldades quase insuperáveis com o intuito de expressar, na linguagem usual, o que se refere ao Plano Mental, pois mesmo nesse Plano Físico, as palavras são insuficientes para expressar nossas ideias e sentimentos. Recordemos que na obra *O Plano Astral* falamos da impossibilidade de transmitir um adequado conceito das maravilhas desse plano aos que ainda não deixaram o Plano Físico. Portanto, só podemos dizer que cada observação concernente ao Plano Astral se aplica com intensidade duplicada às observações que temos de fazer em relação ao Plano Mental. Não somente a matéria que vamos descrever é muitíssimo mais sutil do que a astral, mas a consciência mental é imensamente mais ampla do que se pode imaginar no mundo físico, e suas condições são tão diferentes que ao querer expressá-las, em linguagem comum, o investigador encontra-se completamente perdido e só pode esperar que a intuição dos leitores preencha a inevitável deficiência da descrição.

Como exemplo de uma das muitas dificuldades, parece como se no Plano Mental não existisse espaço nem tempo, porque os acontecimentos que no Plano Físico se sucedem um após outro, em lugares separados, ocorrem no mundo mental simultaneamente e no mesmo lugar. Tal é pelo menos o efeito produzido na consciência do Ego, embora existam circunstâncias favorecendo a suposição de que a absoluta simultaneidade é peculiar a um plano ainda mais sutil, e que a sensação disso no mundo celeste é simplesmente o resultado de uma sucessão tão rápida que os infinitesimais espaços minúsculos do tempo são indistinguíveis, assim como no conhecido experimento ótico de girar em torno de um bastão cuja extremidade está em brasa, o olho recebe a impressão de um anel contínuo de fogo que roda mais de dez vezes por segundo; não porque o anel contínuo realmente exista, mas porque o olho humano médio é incapaz de distinguir como separadas quaisquer impressões similares que se seguem em intervalos menores que a décima parte de um segundo.

De qualquer modo, o leitor compreenderá facilmente que ao descrever uma condição de existência de todo diferente da vida física, como é a que vamos considerar, não poderemos deixar de dizer muita coisa, em parte ininteligível, e em parte totalmente inacreditável, para quem não tiver experimentado individualmente a vida superior. Isso é inevitável; e assim, os leitores que se sintam incapazes de aceitar as informações de nossas investigações terão de esperar para receber mais fidedignas informações sobre o mundo celeste, para que possam observá-las e examiná-las por si mesmos.

Só me cabe repetir o assegurado previamente no livro *O Plano Astral*, onde foram tomadas todas as precauções razoáveis para garantir exatidão. Neste caso, como naquele, podemos dizer que neste livro não foi admitido "nenhum fato novo nem velho que não fosse corroborado pelo depoimento de pelo menos dois investigadores independentes treinados entre nós, e também tenha sido aprovada como correta por estudantes mais antigos, cujo conhecimento sobre estes pontos é necessariamente muito maior do que o nosso.

Capítulo 2

Características Gerais

Talvez a maneira menos embaraçosa de abordar este dificílimo tema seja mergulhar *in medias res*[2] e retratar o que um aluno ou estudante treinado vê quando o mundo celestial se abre diante dele. Intencionalmente refiro-me a um discípulo, pois a menos que esteja em relação com um Mestre de Sabedoria, não é possível focalizar plenamente a consciência no mundo celeste e retornar à Terra com clara recordação do que ali percebeu. Do Plano Mental não vêm "espíritos" complacentes para soltar vulgaridades pelos lábios de médiuns profissionais. Nenhum clarividente comum jamais se ergue, – embora às vezes os melhores e mais puros tenham acessado esse plano em transe mais profundo – quando se desliga do controle de seus hipnotizadores, porém raramente traz de volta mais do que uma vaga lembrança de uma inten-

[2] Expressão em latim que significa "no meio das coisas". (N.E.)

sa mas indescritível felicidade, geralmente colorida por sua própria convicção religiosa.

Quando a alma que partiu, retirando-se em si mesma depois do que chamamos de morte, alcança o Plano Mental, nem os pensamentos ansiosos de seus tristes amigos nem as seduções do círculo espiritualista poderão atraí-la de volta à comunhão com a terra física, até que todas as forças espirituais que ela pôs em ação em sua recente vida tenham se esgotado ao máximo, e mais uma vez ela esteja pronta para assumir um novo corpo. Mesmo que pudesse voltar, seu relato das experiências não daria uma ideia verdadeira do plano, pois, como será visto adiante, apenas aqueles que o acessem em plena consciência são capazes de fazê-lo. Mas tudo isso será explicado mais tarde, quando tratarmos dos habitantes desse reino celestial.

Uma bela descrição

Em carta recente de um eminente ocultista, há uma bela passagem citada de memória. Nunca pude averiguar de onde foi retirada a descrição; mas na obra de Samuel Beal, *Catena of Buddhist Scriptures*, ela é consideravelmente ampliada. E é a seguinte: "Nosso Senhor Buda disse: Em milhares de miríades de mundos além deste, há uma região de felicidade chamada *Sukhavatī*. Está circundada por sete fileiras de balaustradas, sete fileiras de amplas cortinas e sete fileiras de ondulantes árvores. Esta sagrada mansão dos *Arhats* é governada por *Tathāgatas* e possuída pelos *Bodhisattvas*. Há nela sete formosas lagoas em meio das quais fluem águas cristalinas com sete qualidades sintetizadas em uma. Esta morada, ó Shariputra, é o *Devachan*. A *Udumbara*, sua divina flor, cria raízes na sombra de cada terra e floresce para todos que a alcançam. Verdadeiramente felizes são os nascidos nesta bem-aventurada região, que atravessaram a áurea ponte e chegaram às sete montanhas de ouro. Já não há para eles neste ciclo nem tristeza nem dor."

Ainda que veladas pelas primorosas imagens do Oriente, podemos descobrir, na citada passagem, algumas das principais características que mais assinaladamente aparecem nos relatos de nossos modernos investigadores. As "sete montanhas de ouro" são seguramente os sete subplanos do mundo mental, separados por impalpáveis, porém efetivas barreiras, ainda simbolizados nas "sete fileiras de balaústres, nas sete amplas cortinas e nas sete ondulantes árvores". As sete espécies de água cristalina, com suas distintivas propriedades e qualidades, representam os diferentes poderes e condições da mente pertencente a esse Plano Mental, respectivamente, enquanto que a qualidade que todos esses subplanos têm em comum é a de assegurar aos que residem acima do mundo mental, a mais intensa felicidade que sejam capazes de experienciar. A flor "enraizada na sombra de toda a terra" significa que cada mundo humano tem seu céu corresponde; e a felicidade que nenhuma língua pode expressar é o florescimento que brota para os que vivem de forma a se capacitarem para alcançá-lo, porque "atravessaram a áurea ponte" estendida sobre o rio que separa o mundo mental do mundo do desejo. Assim terminou para eles a luta entre a natureza superior e a inferior, de modo que no ciclo da vida mental já não há tristeza nem dor, até que o Ego volte a encarnar e deixe atrás de si, durante algum tempo, o mundo celeste.

A felicidade do mundo celeste

A intensiva felicidade é a primeira grande ideia em que devem basear-se nossos conceitos da vida celeste. Tratamos de um mundo em que, por sua própria constituição, são impossíveis o mal e a tristeza. Não é apenas um mundo no qual cada ser é feliz. É um mundo em que todos os seres devem, pelo próprio fato de tê-lo alcançado, estar desfrutando da mais alta felicidade espiritual da qual são capazes — um mundo cujo poder de resposta às suas aspirações é limitado apenas pela capacidade daquele que o aspira.

Pela primeira vez começamos no mundo celeste a perceber algo da natureza da Fonte de Vida. Pela primeira vez temos uma visão distante do que deve ser o *logos* e do que ele significa para nós. E quando a estupenda realidade do mundo celeste se desponta ante nossa atônita visão, não podemos deixar de sentir que com este conhecimento da verdade a vida já não pode, daí em diante, parecer-nos como nos parecia até então. Admiramo-nos de toda insuficiência dos conceitos de felicidade tidos pelo indivíduo mundano, pois a maioria deles está completamente invertido e é irrealizável, e marcha de costas para a meta que intenta alcançar, enquanto que no mundo celeste a verdade e a beleza transcendem os sonhos dos poetas; e à luz de sua sobrepujante glória, qualquer outro arrebatamento afigura-se sombrio, lânguido e enganoso.

Alguns detalhes de tudo isso serão esclarecidos mais adiante. O ponto a ser enfatizado no momento é que este radiante sentimento da consciência de todo mal e discórdia, e da insistente e preponderante presença da felicidade universal, é a primeira e mais intensa impressão experimentada por aquele que entra no mundo celeste. E este sentimento nunca desaparece, enquanto ele ali permanece. Qualquer que seja o trabalho que ele possa estar fazendo, quaisquer possibilidades ainda mais elevadas de exaltação espiritual podem surgir diante dele à medida que ele aprende mais sobre as capacidades deste novo mundo no qual se encontra; o estranho sentimento indescritível de inefável deleite na mera existência em tal reino está sempre presente com ele.

Nada existe na Terra comparável à felicidade celeste e ninguém é capaz de imaginá-la. Uma vez supondo que a vida infantil é mil vezes mais espiritualizada do que a vida do indivíduo adulto, talvez tivéssemos nela uma débil ideia da felicidade no mundo mental; porém, ainda este símile está muito longe da inefável e estupenda vitalidade espiritual do mundo celeste.

Uma das manifestações desta intensa vitalidade é a extrema rapidez vibratória da matéria mental. Sabemos teoricamente que no mundo físico até a mais densa matéria sólida está em vibração; porém, quando a visão astral nos mostra a positiva realidade desta hipótese científica, apercebemo-nos da universalidade da vida, o que antes não nos fora possível. Amplia-se o nosso horizonte mental e começamos a ter vislumbres de possibilidades da natureza, que ao ser humano comum lhe pareceriam fantásticos sonhos.

Se este for o efeito de adquirir a mera visão astral, e aplicá-la à matéria física densa, tente imaginar o resultado produzido na mente do observador quando tendo deixado este Plano Físico para trás e estudado completamente as vívidas e infinitamente mais rápidas vibrações do Astral, ele encontra um novo e transcendente sentido abrindo-se dentro dele. Revela-se diante de seu extasiado olhar um outro mundo ainda mais elevado, cujas vibrações são tão mais rápidas que as do nosso Plano Físico, quanto as vibrações de luz são em relação às do som — um mundo onde a vida onipresente que pulsa incessantemente ao redor e dentro dele é de uma ordem completamente diferente, é como se fosse elevada a um poder enormemente maior.

O novo método de cognição

O sentido por cujo meio o investigador é capaz de conhecer o mundo mental não é a menor das maravilhas do mundo celestial. Já não se vê nem se ouve nem se percebe por meio de separados e limitados órgãos sensórios, nem se contrai a uma ampliada capacidade visual e auditiva que se possuía no mundo astral, mas sim encontra-se dotado de uma nova e estranha faculdade, que não é nenhuma das físicas e astrais, e, no entanto, as sintetiza todas, e vai ainda além o seu poder de percepção, pois o capacita para, quando se aproxima de uma pessoa ou coisa, não somente a ver e perceber todas as suas vibrações, mas a conhecê-la externa e internamente com quantas causas, efeitos e possibilidades astrais e físicas concernem à pessoa ou coisa percebida.

Para o investigador do mundo celeste, pensar equivale a compreender sem dúvidas, demoras ou vacilações. Ao pensar num lugar, imediatamente se encontra no mesmo lugar. Ao pensar num parente ou amigo, instantaneamente o tem ante si; não são possíveis os erros e nem podem enganá-lo as falsas aparências, porque, como em um livro aberto, ele lê os pensamentos e as emoções do seu parente ou amigo.

E se ele tem a sorte de que entre seus amigos exista algum com este sentido superior já manifestado, a relação será mais completa e perfeita do que é possível para a concepção mundana, pois para eles não existe a distância nem a separação, nem os seus sentimentos estão ocultos ou meio-velados pela exagerada expressão verbal. Não são necessárias as perguntas e respostas, porque se leem as representações mentais à medida que se vão formando, e o intercâmbio de pensamentos é tão rápido como o brotar da mente.

Todo o conhecimento está disponível para pesquisa, exceto aqueles que transcendem esse elevado plano. O passado do mundo terrestre é para ele tão claro como o presente, porque ele sempre tem à sua disposição os indeléveis arquivos da natureza, e a história surge ante sua vista conforme sua vontade. Já não está à mercê dos historiadores, que podem estar mal-informados ou sendo imparciais. Ele pode estudar por si mesmo qualquer incidente ou episódio histórico que lhe interesse, com a certeza de que conhecerá a verdade, toda a verdade e nada mais do que a verdade.

Se for capaz de permanecer no Plano Mental em seus níveis superiores, ante ele se desenvolverá toda a história de suas vidas passadas e verá as causas *kármicas* que fizeram dele o que é, e também verá o que o *karma* lhe reserva para esgotá-lo antes de saldar a triste e longa conta. Assim conhecerá exatamente seu verdadeiro lugar na evolução.

Porém, o investigador não é capaz de ver o futuro tão claramente como vê o passado, porque a faculdade e o dom de profecia pertencem a um plano superior; e ainda que no Plano Mental seja possível a previsão até um alcance considerável, não é perfeita, porque se o indivíduo muito evoluído pusesse a mão na trama do destino, sua poderosa vontade poderia interpor novos fios e mudar o plano da próxima vida. Às vezes pode-se prever o curso da vida de um indivíduo sem determinada vontade própria; porém, quando o Ego resolve galhardamente reger o destino por suas próprias mãos, é impossível a exata previsão.

O ambiente

Do exposto se infere que as primeiras impressões do discípulo, que com plena consciência se transporta ao Plano Mental, são provavelmente de intensa felicidade, indescritível vitalidade, poder enormemente ampliado e a perfeita confiança dimanante destas impressões. O que o discípulo percebe quando se vale do novo sentido para examinar o ambiente que o rodeia? Encontra-se em meio de um mundo sempre cambiante de luz, cor e som, tal como jamais imaginou em seus mais delicadíssimos sonhos. Certamente é verdade que no mundo terrestre o "olho não viu nem o ouvido ouviu, nem coube no coração do homem" as glórias do mundo celeste. Quem só uma vez as tenha experimentado, olhará este mundo com olhos muito diferentes, porém esta experiência é tão completamente distinta de tudo quanto conhecemos no mundo físico, que ao tratar de expressá-la em palavras, se vê surpreendido por um estranho sentimento de impotência de absoluta incapacidade não só para expressá-lo com justiça, como também para dar alguma ideia de tudo isso aos que não viram o mundo celeste.

Suponhamos que um indivíduo com o sentimento de intensa felicidade e enormemente dotado do poder já aludido, imagine-se flutuando num mar de vívida luz, rodeado de inconcebível variedade de encantadoras formas e cores, cujo conjunto reaja a cada onda mental que ele emita, e que aquele indivíduo se dê conta de que cada onda é a expressão de seu pensamento na matéria do plano e na sua essência elemental. A matéria deste plano é da mesma natureza que a do corpo mental; e, portanto, quando vibram as partículas deste corpo mental, cuja vibração chamamos pensamento, elas imediatamente propagam-se para a matéria mental circundante, e estabelecem nela vibrações correspondentes, enquanto que o pensamento se reflete com absoluta exatidão na essência elemental. O pensamento concreto toma a forma de seus objetos, ao passo que as ideias abstratas expressam-se em perfeitas e maravilhosas formas geométricas. Sobre este particular convém advertir que muitos pensamentos que durante a vida física são para nós pouco mais que simplíssimas abstrações, no Plano Mental tornam-se realidade.

Assim, será visto que, neste mundo superior, qualquer um que deseje dedicar-se por um tempo, para acalmar o pensamento e abstrair-se de seu ambiente, pode realmente viver em um mundo próprio sem possibilidade de interrupção, com a vantagem de ver, como num panorama, passar ante sua vista todas as suas ideias e suas consequências totalmente elaboradas. Porém, se ao invés deste ensinamento, deseja explorar o plano em que se encontra, ser-lhe-á necessário, entretanto, suspender a atividade mental, a fim de que suas criações não influam na facilmente impressionável matéria que o rodeia e alterem as condições em que se encontra.

Mas a suspensão das atividades mentais não deve ser confundida com a inibição completa de certas práticas de *Hatha Yoga*, cujo resultado é embotar a mente em absoluta passividade, já que sua ação se oporia à entrada de influências externas que são precisamente as que se desejam, com semelhante método, para estabelecer uma condição muito parecida à mediunidade. Em troca, a suspensão das atividades mentais na exploração do mundo celeste não impede que a mente se mantenha positiva e vigilante, pois a suspensão interna do pensamento só tem por finalidade impedir a intrusão de apreciações puramente individuais na exploração que se vai efetuar.

Quando o visitante do Plano Mental se coloca em tal atitude, percebe que, conquanto já não seja o centro de radiação de toda aquela maravilhosa profusão de luzes, formas, cores e sons, não se desvaneceu, mas, ao contrário, intensificaram-se suas harmonias e esplendores. Ao emitir uma explicação desse fenômeno, conjetura que não é uma fortuita ou vã exibição, uma espécie de aurora boreal do *devachan*, ele descobre que há um significado para tudo — o qual pode compreender; até perceber que aquilo que tão extática e deleitosamente contempla é a esplendorosa linguagem cromática dos *devas*, a expressão do pensamento ou a conversação de seres muito mais adiantados do que ele na escala da evolução. A prática experimental lhe ensina que ele também pode usar o novo e gracioso modo de expressão, e essa descoberta o torna dono de outra parte de sua herança no reino celeste, — o poder de conversar e aprender de seus habitantes não humanos mais elevados, os quais iremos tratar quando entrarmos neste assunto.

O que se disse até agora bastará para compreender por que era impossível descrever o cenário do Plano Mental como se descreveu o do Astral, pois em rigor o Plano Mental não tem cenário relativamente fixo, porém cada um estabelece o seu cenário peculiar, segundo a índole de seus pensamentos, embora se tenha de considerar que as numerosas entidades que continuamente passam ante ele são já de *per si*, em muitos casos, objetos de transcendentalíssima beleza.

No entanto, é tão difícil expressar verbalmente a realidade das condições desta vida superior, que a ideia mais aproximada seria dizer que no Plano Mental todos os cenários são possíveis — não há nada concebível como belo na terra, mar e firmamento, que não esteja lá, plena e intensamente, além de todo o poder da imaginação.

As grandes ondas

Se o visitante deseja levar mais além a análise do Plano Mental, descobrirá o que ocorre quando o ambiente estiver em completa calma, sem pensamentos nem conversações que possam perturbá-lo, e ele conseguirá isso revestindo-se de uma régia envoltura, e nenhuma de tais influências conseguirá atravessá-la; assim mantendo a mente serena, examinará as condições existentes no interior da envoltura.

Ao efetuar esta experiência com o suficiente cuidado, notará que o mar de luz, embora não se tenha aquietado, porque suas partículas continuam vibrando interna e rapidamente, aparece homogêneo; que aquele maravilhoso reluzir de cores e contínuas mudanças de forma não mais ocorrem, mas ele é agora capaz de perceber outras séries de pulsações regulares, que outro fenômeno artificial tenha previamente obscurecido.

São pulsações evidentemente universais que nenhuma envoltura elaborada pelo poder humano será capaz de resistir ou repelir. Não determinam mudanças de cor nem assumem forma, mas fluem com indefectível regularidade através de toda a matéria do plano, externa e internamente, como a aspiração e a inspiração de um formidável alento além de nosso alcance.

Existem vários conjuntos destas pulsações claramente distinguíveis uns dos outros pelo volume, período de vibração, e pelo tom da harmonia que eles trazem, bem como uma varredura grandiosa de uma imensa onda que parece o próprio batimento cardíaco do Sistema — uma onda que, surgindo de centros desconhecidos, em planos muito superiores, derrama sua vida em todo o nosso mundo, recuando em sua gigantesca corrente para Aquilo de onde veio. O som surge em uma longa curva ondulante, e é como o murmúrio do mar; e todo o tempo ecoa dentro dele um poderoso toque de triunfo

— a própria música das esferas. O ser humano que uma vez ouviu essa canção gloriosa da natureza nunca mais a perde; mesmo aqui neste sombrio Plano Físico de ilusão, ele a ouve sempre como um suave tom, mantendo como nunca, em sua mente, a força, a luz e o esplendor da vida real acima descrita.

Se o visitante possui mente e coração puros, e alcançou certo grau de aperfeiçoamento espiritual, poderá identificar sua consciência com o fluxo desta admirável onda e submergir-se espiritualmente nela, de forma a conduzir-se até sua fonte original. Digo que é possível, porém não prudente, a menos que seu Mestre esteja ao seu lado para atraí-lo no momento certo de volta ao seu poderoso abraço. De outro modo, sua irresistível força o levaria a planos ainda mais altos cujos esplendores o seu Ego seria incapaz de suportar. Ele perderia sua consciência sem a certeza de quando ou como recuperá-la. Certamente que o objetivo final da evolução do ser humano é o atingimento da Unidade, porém ele deve alcançá-la em plena e perfeita consciência, como um vitorioso rei que entra triunfalmente em seus domínios, não absorto num estado de absoluta inconsciência, porém afastado da aniquilação.

Os mundos celestes inferiores e superiores

Tudo o que temos indicado nesta descrição pode ser considerado como aplicando-se à subdivisão mais baixa do subplano do Plano Mental, que assim como o Astral e o Físico compreende sete subdivisões. Destas, as quatro inferiores são chamadas de Plano *Rūpa* ou Plano com Forma, que constituem o mundo celeste inferior, onde a maioria dos seres humanos passa sua longa vida de felicidade entre duas encarnações. As outras três subdivisões são conhecidas como *Arūpa* ou Plano sem Forma, e constituem o mundo celeste superior, onde atua o Ego reencarnante – é a verdadeira morada da alma humana. Estes nomes em sânscrito são mencionados pelo fato de que no Plano *Rūpa* o pensamento se manifesta de maneira muito diferente, segundo veremos mais adiante. A distinção entre estas duas grandes subdivisões do mundo celeste, a *rúpica* e a *arúpica*, é tão assinalada, porque para manifestar-se nelas o Ego necessita de dois diferentes veículos de consciência.

O veículo apropriado para atuar no mundo celeste inferior é o corpo mental, enquanto que o veículo do Ego no mundo celeste superior é o corpo causal, veículo do Ego reencarnante, que passa de vida após vida através de todo o período evolucionário. Outra enorme distinção é que nas quatro subdivisões inferiores ainda é possível algum grau de ilusão — não de fato para a entidade que está acima, em plena consciência durante a vida, mas sim para os que não despertaram bem a consciência na morte do seu corpo físico. Os pensamentos elevados e as nobres aspirações que manifestou durante a vida terrena agrupam-se em torno do Ego formando uma espécie de envoltura, algo semelhante a um mundo subjetivo peculiar ao Ego, onde esse passa a vida celeste percebendo muito debilmente, ou não percebendo, os esplendores do mundo circundante, e certo de que tudo quanto vê é a única coisa que ali se pode ver.

No entanto, semelhante envoltura não é uma limitação, pois serve para que o Ego se acostume a responder a determinadas vibrações, e não para separá-lo dos demais. A verdade é que estes pensamentos que envolvem o Ego são poderes dos quais ele extrai a abundância do Plano Mental. Esse Plano é um reflexo da Mente Divina — um inesgotável e infinito depósito de onde o Ego pode extrair tudo quanto lhe permita o dinamismo dos pensamentos e as aspirações que se geraram durante a vida física e astral.

Mas no mundo celeste superior, essa limitação não mais existe. É verdade que mesmo lá muitos Egos são apenas sonhadores ligeiramente conscientes do que os rodeia, mas na medida em que se conscientizam podem verdadeiramente ver, pois o pensamento não mais assume as mesmas formas limitadas que ele tomou sobre si nos subplanos inferiores.

Ação do pensamento

A condição exata da mente dos Habitantes Humanos desses vários subplanos será naturalmente tratada de forma mais completa sob o título habitantes humanos; mas a compreensão da maneira pela qual o pensamento atua nos níveis inferiores e superiores, respectivamente, é tão necessária para uma compreensão acurada dessas grandes divisões, e talvez valha a pena contar alguns experimentos feitos por nossos investigadores afim de esclarecer este assunto.

No início de nossas investigações, tornou-se evidente que no Plano Mental também havia, assim como no Astral, uma essência elemental completamente distinta da matéria própria do plano, e que essa essência elemental era ainda mais instantaneamente sensível à ação do pensamento que a do Plano Astral. No mundo celeste tudo era substância mental, e, portanto, não só a essência elemental, mas toda a matéria própria do plano estão diretamente afetadas pela ação, de forma que convém distinguir entre ambas as ações.

Depois de algumas provas, nossos investigadores adotaram um método que apresentou uma clara ideia dos diferentes resultados produzidos. Um investigador permaneceu na subdivisão inferior, emitindo formas-pensamento, enquanto outros investigadores ascendiam ao próximo nível mais elevado, para observar dali o que se sucedia e evitar toda possibilidade de confusão. Nestas circunstâncias, um deles começou a enviar um afetuoso e prestativo pensamento ao amigo que estava em um país distante.

O resultado foi notável. Uma espécie de concha vibrátil, formada da matéria do plano, difundiu em todas as direções em torno do investigador, à maneira de círculos concêntricos que espalham nas águas tranquilas, a partir da queda de uma pedra, com a diferença de que a concha vibrátil se estendia em muitas dimensões ao invés de meramente sobre uma superfície plana. As vibrações desta concha, como aquelas no Plano Físico, iam perdendo intensidade à medida que se afastavam de sua fonte, até que se extinguiam ou pelo menos eram imperceptíveis ao chegar a muita distância.

Assim, cada um, no Plano Mental, é um centro de pensamento radiante, e ainda assim todos os raios lançados cruzam em todas as direções sem interferir em menor grau um com o outro, assim como os raios de luz fazem aqui embaixo. Essa esfera de vibrações em expansão era muito colorida e opalescente, mas suas cores tornaram-se gradualmente mais e mais tênues à medida que se espalhavam.

No entanto, o efeito era muito diferente na essência elemental do plano, na qual o pensamento produzia imediatamente uma forma semelhante à humana, de uma só cor, porém com muitos matizes da mesma. Esta forma observada se difundiu instantaneamente através do oceano, dirigindo-se para o amigo a quem fora enviado o afetuoso pensamento, levando a essência elemental do Plano Astral; e aí se tornou um elemento artificial do Plano Astral, à espera da ocasião para derramar sobre o amigo a influência protetiva.

Ao conectar-se com a matéria astral, a matéria mental perde grande parte de seu brilho, embora ainda se distinga sua refulgente cor rosa pálido no interior da envoltura da matéria astral, demonstrando que assim como o pensamento original animou a essência elemental de seu próprio plano, assim também o mesmo pensamento, acrescido de sua forma elemental mental, atuava como alma do elemental astral, seguindo nisso o método empregado pelo espírito humano que se vai revestindo de corpo sobre corpo em sua descida através dos diversos planos e subplanos de matéria.

Ulteriores experiências demonstraram que a cor do Elemental projetado variava segundo a natureza do pensamento. Já dissemos que o pensamento de intenso afeto projetado em auxílio do amigo ausente assumia uma refulgente cor-de-rosa. Outro pensamento de intenso desejo de cura dirigido a um amigo enfermo produziu um simpático elemental cor de prata, e um ardoroso esforça mental para fortalecer e afirmar o ânimo de uma pessoa deprimida e desesperada pôs em evidência um Elemental de brilhante cor dourada.

Em todos estes casos, percebe-se que, além do efeito de cores radiantes e vibrações produzidas na matéria do plano, uma força definida, em forma de um elemental, foi enviada à pessoa para quem o pensamento estava direcionado. Mas houve uma notável exceção. Um dos investigadores, enquanto estava na subdivisão inferior do plano, enviou um pensamento de intenso amor e devoção ao seu Mestre, e os que estavam observando do Plano Causal notaram que o resultado era inverso ao produzido nos casos anteriores.

Convém recordar que um discípulo está sempre relacionado com o seu Mestre por uma constante corrente de pensamento e influência, que no Plano Mental se manifesta como um intenso raio de cintilante luz das três cores: violeta, ouro e azul; de maneira que bem se podia esperar que o ardoroso e sincero pensamento do discípulo enviasse uma vibração especial ao longo dessa linha. Mas ao invés disso, o resultado foi a intensificação das cores do raio e um fluxo muito distinto de influência dirigida ao discípulo.

Portanto, é evidente que quando um discípulo pensa em seu Mestre, o que em realidade ocorre é a intensificação de sua conexão com Ele, e assim ele abre um caminho para receber o auxílio de um fluxo adicional de força procedente dos planos superiores. Parece como se o Mestre estivesse tão fortemente carregado de fortalecedora influência que qualquer pensamento que acrescente a atividade de um canal com o comunicante não estabelece uma corrente até ele, como em outros casos sucede, sendo que estabelece uma saída pela qual flui o grande oceano de seu amor.

Nos subplanos *arúpicos*, é muito assinalada a diferença dos efeitos do pensamento, sobretudo em relação à essência elemental. A interferência estabelecida na matéria do plano é semelhante, embora muito mais intensamente refinada nessa forma de matéria; mas não se cria forma alguma na essência mental do Plano *Arúpico* (Causal) e é muito diferente o modo de ação.

Nas experiências realizadas nos planos inferiores, observou-se que o elemental pairava sobre a pessoa a quem se dirigia o pensamento, à espera de oportunidade favorável para derramar a sua energia sobre o corpo mental, astral ou físico da pessoa. Mas no Plano Causal, o resultado da ação do pensamento é como um relâmpago que a partir da essência do corpo causal do pensador se dirige ao corpo causal do Ego, objeto de seu pensamento. De sorte que assim como no Plano Mental o pensamento é sempre dirigido à personalidade, no Plano Causal o pensamento influi diretamente no Ego reencarnante, o verdadeiro ser humano, e se o pensamento tem alguma relação com a personalidade, chegará a ela do corpo causal do indivíduo a quem se dirigiu o pensamento.

Formas-pensamento

Sem dúvida, nem todos os pensamentos percebidos no Plano Mental ou *Rúpico* estão dirigidos a uma determinada pessoa, mas muitos flutuam vagamente no ambiente do plano de formas e cores, de modo que sua observação e estudo é em si uma ciência fascinadora. Seria necessário maior espaço do que dispomos para descrever sequer as principais classes de tais pensamentos. Porém, o seguinte extrato de um artigo publicado pela Dra. Besant, em Lúcifer, de setembro de 1896, revista antecessora de *The Theosophical Review*, nos dará uma ideia dos princípios fundamentais produzidos pelas formas-pensamento, os quais são lançados pela ação da mente humana.

Eles são:

a) A qualidade do pensamento determina a cor.
b) A natureza do pensamento determina a forma.
c) A precisão do pensamento determina a nitidez de seu contorno.

Ela continua:

> Se os corpos astral e mental vibrarem sob o impulso de um sentimento de devoção, a aura do indivíduo ficará tingida de um azul mais ou menos intenso, puro e belo, segundo o grau de intensidade, pureza e elevação do sentimento. Numa igreja pode ver-se esta classe de formas-pensamento que, à semelhança de nuvens azuis, flutuam no ambiente sem contornos definidos. Frequentemente, a cor azul fica esmaecida pelo tom escuro de pensamentos egoístas; porém, o pensamento devocional de um coração altruísta é muito encantador, semelhante ao azul profundo de um céu de verão. A partir dessas nuvens azuis brotam, às vezes, como chuva de chispas, brilhantes estrelas cor de ouro.

A ira dá origem a cor vermelha, desde o matiz de ladrilho até o escarlate brilhante; e se a ira é brutal, manifestar-se-á em rajadas de um vermelho azul-violáceo, surgidas de nuvens negras, enquanto que a ira chamada de "nobre indignação" dá origem a uma viva cor escarlate, de modo algum agradável de se olhar, trazendo um sentimento repulsivo.

O amor, a amizade e a benevolência manifestam-se em nuvens de um matiz rosado que varia desde o carmim embaçado, quando o amor é de natureza animal, passando pelo rosa vivo com mescla de marrom quando é egoísta, até o belo tom do suavíssimo rosa semelhante às primeiras cintilações da aurora, quando o amor está limpo de todo sentimento egoísta e se difunde em círculos cada vez mais amplos de uma generosa e impessoal ternura e compaixão para todos os que dela necessitem.

O intelecto determina formas mentais de cor amarela, de matiz muito delicado quando a razão é pura, e se encaminha para fins espirituais; porém, se os pensamentos estão misturados com emoções de ambição ou egoísmo, sua cor será alaranjada clara e viva.

(*Lúcifer*, Volume XIX, pág 71)

É claro que deve ter-se em mente as formas-pensamento astrais e mentais descritas na citação acima. Alguns dos sentimentos mencionados requerem matéria do plano inferior, bem como dos mais elevados, antes de poderem encontrar expressão. Alguns exemplos dados das belas formas semelhantes a flores e conchas são às vezes tomados dos nossos pensamentos mais nobres; porém, há casos não raros em que o pensamento pode ser confundido com uma aparição, quando toma a forma humana:

Uma forma-pensamento pode produzir a forma de quem o projeta. Quando uma pessoa deseja ardentemente visitar um parente ou um amigo ausente, e quer ser vista, tal forma-pensamento pode tomar uma forma particular, de maneira que um clarividente que se achasse junto ao parente ou amigo acreditaria que o visitante realmente estivesse ali em corpo astral. Uma forma-pensamento desta índole poderia transmitir uma mensagem, se esse fosse o seu propósito, suscitando no corpo astral do receptor vibrações sintonizadas com as suas, e do corpo astral passariam ao cérebro físico onde se plasmariam em palavras.

(Lúcifer, Volume XIX, pág. 73)

Os subplanos

Se perguntarmos qual é a diferença exata entre a matéria dos vários subplanos do Plano Mental, a resposta teria de ser muito vaga, pois já esgotamos todos os adjetivos disponíveis para descrever os quatro subplanos inferiores, nada pode ser dito sobre os outros. O que poderíamos dizer senão que sempre que ascendemos, a matéria se torna mais sutil, suas harmonias mais belas, sua luz mais intensa? O fato é que há muitas nuances no som, interações mais delicadas nas cores e novos tons surgem à medida que ascendemos — matizes inteiramente desconhecidas da visão física; e de uma forma poética, mas verdadeira, pode-se dizer que a luz do plano inferior é escuridão no plano acima.

Talvez se compreenda melhor a ideia se começarmos de cima para baixo ao invés de debaixo para cima, e veremos que a matéria do subplano causal superior está animada e vivificada por uma energia que flui do plano superior imediato. Se descermos ao segundo subplano causal, vemos que a matéria do primeiro tornou-se a energia do segundo; para descrever de forma mais precisa, aquela energia original mais a vestidura da matéria do primeiro subplano, com o qual ela se revestiu, por sua vez, constituem a energia animadora da matéria desse segundo subplano. Analogamente, no terceiro subplano causal, encontraremos a energia original duplamente velada da matéria do primeiro e segundo subplanos, através dos quais ela passou, de sorte que, considerando em conjunto o plano mental em seus sete subplanos, ao chegar ao sétimo, contando de cima para baixo, vemos que a energia está revestida ou velada seis vezes, e portanto, mais fraca e menos ativa. Este processo é exatamente análogo ao envolvimento de *Ātmā*, o Espírito Primordial, descendendo como essência monádica, de forma a energizar as matérias dos planos cósmicos, exatamente como ocorre na natureza. O estudante evitará problemas ao familiarizar-se com esta ideia *(A Sabedoria Antiga)*[3] .

Memórias do passado

Ao tratar das características gerais do mundo mental, não devemos omitir as recordações do passado — a memória da natureza, única história fidedigna do mundo terrestre. Enquanto o que temos neste plano é

[3] BESANT, Annie, *A Sabedoria Antiga,* Brasília: Ed. Teosófica, 2004. (N.E.)

apenas um reflexo de algo superior, embora claro, preciso e contínuo, diferindo, nesse sentido, da manifestação desconexa e espasmódica como as recordações são representadas no mundo astral. Portanto, o clarividente só pode confiar em seus pensamentos do passado se possui visão mental, e mesmo assim há de saber transportar-se em plena consciência do Plano Mental ao Físico para que não haja erro de transmissão na recordação do que viu.

O estudante que conseguiu atualizar seus poderes latentes até o ponto de usar o sentido correspondente ao Plano Mental, uma vez que está ainda no corpo físico, tem ante si um campo de investigação histórica arrebatadoramente interessante. Não só pode rever toda a história que conhecemos e corrigir os erros e falsos conceitos incluídos nos relatos que nos foram transmitidos até nossos dias, mas é capaz de enlaçar toda a história desde o princípio do mundo e observar o lento desenvolvimento do intelecto humano, a vinda dos Senhores da Chama e o desenvolvimento das potentes civilizações que fundaram.

Seu estudo não se limitará ao progresso da humanidade, pois tem ante si, como num museu, todas as formas vegetais e animais que povoaram a juventude do planeta, e pode presenciar as admiráveis mudanças geológicas que têm ocorrido, e seguir o curso dos formidáveis cataclismos que repetidamente alteraram a face da Terra.

Muitas e variadas possibilidades abrem-se ao serem acessados os arquivos, de maneira que somente por esta vantagem seria o mundo mental mais interessante que o astral e o físico. Porém, quanto a isso acrescentamos o maior número de oportunidades para a aquisição de conhecimento conferida por esta nova e ampla faculdade de comunicação direta, não só com o reino dos *devas*, mas também com os Mestres de Sabedoria; quando consideramos o descanso e o consolo das penalidades da vida física, que proporciona a intensa e imutável felicidade da vida celeste, e sobretudo a enormemente acrescentada capacidade de servir ao próximo, então percebemos algo do que um discípulo ganha ao adquirir o direito de entrar à vontade e com plena consciência no fúlgido reino do mundo celeste.

Capítulo 3

Os Habitantes

Ao descrevermos os habitantes do Plano Mental convém dividi-los em três ordens análogas à divisão dos habitantes do mundo astral, ou seja: humanos, não humanos e artificiais — embora as subdivisões não sejam tão numerosas como as dos respectivos habitantes astrais, porque as más paixões humanas, que existem em tão grande quantidade no Plano Astral, não encontram lugar no Plano Mental.

I - Habitantes humanos

Subdividem-se em duas classes: os que ainda têm corpo físico e os que dele já se desprenderam, isto é, os vivos e os mortos, como são comumente e erroneamente chamados. Uma pequena experiência do Plano Mental basta para alterar fundamentalmente o conceito que o estudante possa ter das mudanças que se seguem à morte física. Ao abrir sua consciência no Plano Astral e mais ainda no Plano Mental, compreende, desde logo, que a plenitude da verdadeira vida não se pode conhecer no Plano Físico; e quando saímos deste plano e passamos pelo Astral e depois pelo Celeste, entramos na verdadeira vida. A linguagem humana não tem palavras apropriadas para expressar esta condição, e talvez os adjetivos "encarnado" e "desencarnado" sejam os menos passíveis de má compreensão.

Os encarnados

Os habitantes do mundo mental que ainda estão em corpo físico são invariavelmente os Adeptos e seus discípulos já iniciados, pois enquanto um Mestre não ensinar a seu discípulo a maneira de usar o seu corpo mental, ele não poderá atuar conscientemente nem mesmo nos subplanos inferiores do Mental. Para funcionar conscientemente durante a vida física nos subplanos superiores, é necessário um progresso muito maior, porque requer a unificação do indivíduo, de sorte que no mundo físico já não seja uma personalidade influenciada pela individualidade nem confinada em um corpo; porém, é a mesma individualidade, não obstante contendo em si o poder e o conhecimento de um Ego evoluído.

Adeptos e seus discípulos iniciados oferecem um magnífico espetáculo aos que aprenderam a vê-los. Esplêndidos globos de luz e cor flutuam por toda a parte, dissipando as influências malignas e atuando sobre quantos deles se aproximam, como o Sol atua nas flores, e derramando em torno deles um sentimento de tranquilidade e felicidade, que também costumam experimentar aqueles que frequentemente estão cônscios deles, mesmo sem vê-los. No mundo celeste, Mestres e discípulos derramam as maiores influências espirituais sobre o mundo do pensamento; a partir dele também impulsionam grandes e benéficas atividades de diferentes tipos.

No mundo celeste, muito da energia espiritual é distribuída, quando derramada pelo glorioso autossacrifício dos *Nirmānakāyas*[4]. Também ali são transmitidos ensinamentos diretos aos discípulos, aqueles que estão suficientemente avançados para recebê-los dessa forma, já que podem comunicar-se mais rápida e completamente do que no Plano Astral. Além de todas estas atividades, Mestres e discípulos realizam um trabalho estreito com os que chamamos mortos, conforme veremos mais adiante.

No Plano Mental não se encontram aquelas entidades inoportunas que causam tanto prejuízo no Plano Astral. Num mundo cujas características são o altruísmo e a espiritualidade, não podem penetrar o mago negro e seus discípulos, pois o egoísmo é a essência de todos os procedimentos da magia negra, num estudo em que as forças ocultas são aplicadas inteiramente para fins pessoais. Embora a maioria dos magos negros tenha o intelecto muito desenvolvido e, consequentemente, a

---

[4] *Kaya*, no Budismo, significa, literalmente, corpo. Representa um modo de manifestação da verdade, principalmente os três *kayas* ou *trikaya*: o *Dharmakaya*, o *Sambogakaya* e o *Nirmānakāya*. Os três *kayas* contêm uma doutrina de como e por quais modos se dá a manifestação do Buda. (N.E.)

matéria de seu corpo mental seja ativa e sensitiva em relação a certas percepções, eles sempre estão relacionados com algum desejo pessoal e por isso só podem achar expressão em parte do mental inferior, inextricavelmente mesclado com a matéria astral. Como uma consequência necessária desta limitação, suas atividades estão praticamente confinadas nos Planos Astral e Físico.

Um indivíduo com conduta nociva e egoísta pode ter períodos de puro e abstrato pensamento durante os quais se valha de seu corpo mental, se aprendeu a utilizá-lo. Mas quando a personalidade interfere com o esforço para produzir algum resultado maligno, o pensamento já não é abstrato, e o indivíduo atua em conexão com a costumeira matéria astral. Pode-se afirmar que o mago negro só atua no plano mental quando esquece sua condição de mago negro; e então só será visível para os que atuam conscientemente no Plano Mental e nunca para os que desfrutam do repouso celeste depois de sua vida astral, pois cada um deles está inteiramente recluso no mundo de sua própria mentalidade, que nada do exterior o afeta, e acha-se completamente seguro. Assim se justifica a antiga descrição do céu, considerado como o lugar "onde os malvados deixam de importunar e os fatigados descansam".

No sono ou em transe

Ao pensar nas entidades encarnadas que atuam no Plano Mental, pergunta-se se uma pessoa comum, durante o sono, ou psiquicamente desenvolvida, em condição de transe, pode penetrar nesse plano. Em ambos os casos a entrada é possível, porém extremamente rara, porque é pré-requisito absoluto a pureza de conduta e de propósito; e mesmo que esse plano fosse alcançado, não haveria nada que pudesse ser considerado como plena consciência, mas tão somente a capacidade para receber determinadas impressões.

Como exemplo de possibilidade de entrar no Plano Mental durante o sono, mencionaremos um incidente ocorrido com as experiências que os membros da Loja de Londres da Sociedade Teosófica realizaram sobre o estado de consciência durante o sono. Algumas dessas experiências estão descritas no livro *Os Sonhos*[5]. Os que leram este livro recordarão que ante a mente de várias classes de indivíduos adormecidos se expôs a representação mental de uma bela paisagem dos trópicos, a fim de comprovar até que ponto recordariam a visão quando despertos. Um caso não referido nesse livro, por não ter relação com os sonhos, nos servirá de exemplo.

Era o de uma pessoa de mente consideravelmente pura, mas ainda com a sua capacidade psíquica não treinada. E o efeito da apresentação do pensamento em sua mente foi de natureza um tanto surpreendente. Foi tão vivo o sentimento de reverente alegria, tão sublimes e espirituais os pensamentos suscitados pela contemplação do glorioso cenário, que a consciência dessa pessoa adormecida se transportou ao Plano Mental. No entanto, não podemos acreditar que ela fosse consciente das condições do referido plano, senão que se achava no mesmo estado em que se encontra uma pessoa comum depois da morte, flutuando no oceano de luz e cor, inteiramen-

[5] LEADBEATER, C.W., *Os Sonhos*, Brasília: Ed. Teosófica, 2013. (N.E.)

te absorta em seus próprios pensamentos, inconsciente de qualquer coisa além disso — repousando em extática contemplação da paisagem e de tudo quanto lhe era sugerido, com aguda intuição, perfeita apreciação e intenso vigor do pensamento peculiar do Plano Mental, desfrutando de uma inefável felicidade. Ela permaneceu adormecida nesta condição por várias horas, embora parecesse ter perdido a noção do tempo, até que por fim despertou com um sentimento de profunda paz e alegria interior, embora não se recordasse de nada do que sonhou. Não há dúvida de que semelhante experiência, que se recorde ou não no corpo físico, servirá de um impulso estimulante na evolução espiritual do Ego.

Embora por falta de um número suficiente de provas experimentais seja temerário falar demasiado positivamente, parece certo que o resultado como o descrito só seria possível no caso de que a pessoa que dormia já tivesse certo desenvolvimento psíquico. E a mesma condição é ainda mais necessária para que um indivíduo hipnotizado toque o Plano Mental. Então, decididamente, é este o caso, que provavelmente nem um em mil clarividentes comuns o alcançam; mas nas raras ocasiões em que o alcança, o mesmo precisa ter não somente um desenvolvimento excepcional, como também perfeita pureza de vida e de propósito. Além destas extraordinárias características, resta ainda a dificuldade que sempre se opõe ao psíquico inexperiente para traduzir com precisão uma visão de um plano superior ao inferior. Todas estas considerações corroboram o que foi dito anteriormente sobre a necessidade de que um qualificado instrutor treine as qualidades psíquicas do indivíduo antes de se poder dar crédito aos seus relatos.

Os desencarnados

Antes de se considerar em pormenor as condições em que as entidades desencarnadas encontram-se nos diversos subplanos do Plano Mental, convém ter uma ideia muito clara da distinção entre os quatro subplanos *rúpicos* e os três *arúpicos*. Nos quatro subplanos *rúpicos*, o indivíduo vive inteiramente no mundo de seus próprios pensamentos, ainda identificado com a personalidade que assumiu na vida passada na Terra, enquanto que nos três subplanos *arúpicos*, o Ego reencarnante (caso tenha desenvolvido consciência suficiente nesse nível para ter uma compreensão clara de tudo) entende, pelo menos até certo ponto, a evolução na qual ele está envolvido, e também o trabalho a ser feito.

Convém recordar que todo ser humano passa por ambos os estágios entre o nascimento e a morte, apesar de que a maioria está tão pouco evoluída e tem tão pouca consciência em qualquer um deles, que podemos verdadeiramente dizer que sonham através deles. Não obstante consciente ou inconsciente, todo ser humano deve tocar os níveis mais elevados do Plano Mental antes que a reencarnação ocorra. E, à medida que sua evolução prossegue, esse contato se torna mais e mais real e definido para ele. Não apenas ele é mais consciente ali à medida que progride, senão que sua permanência nesse mundo de realidade é cada vez mais longa, porque sua consciência vai lenta e firmemente se elevando pelos diversos planos do Sistema.

Por exemplo: o ser humano pouco evoluído tem consciência limitada em qualquer plano, exceto no físico durante a vida, e no astral inferior após a morte. Quando o indivíduo está algo mais avançado, passa um curto período da vida celestial (nos níveis inferiores, é claro). Conforme ele progride, a vida astral vai-se tornando cada vez mais curta e a celeste mais longa, até que alcance um alto grau de inteligência e espiritualidade, passando rapidamente pelo mundo astral e desfrutando de uma longa e feliz jornada nos mais refinados níveis mentais inferiores. Ali, então, a consciência do verdadeiro Ego, em seu nível superior, é consideravelmente despertada, e assim sua vida consciente no Plano Mental divide-se em duas partes — a parte posterior e mais curta sendo gasta no subplanos superiores do corpo causal.

O processo descrito anteriormente então se repete, a vida nos níveis inferiores gradualmente se torna mais curta, enquanto a vida superior se torna cada vez mais longa e completa, até que finalmente chega o momento em que a consciência é unificada – quando os Eus superiores e inferiores estão indissoluvelmente unidos, e o indivíduo não é mais capaz de envolver-se em sua própria nuvem de pensamento, e confundir o pouco que pode ver através de todo o vasto mundo celeste que o rodeia – quando então ele percebe as verdadeiras possibilidades de sua vida, e assim, pela primeira vez, verdadeiramente, começa a viver. Mas, no momento em que ele atinge essas alturas, ele já terá entrado no Caminho e levado definitivamente seu futuro progresso em suas próprias mãos.

Qualidades necessárias para a vida celeste

A realidade da vida celeste comparada com a terrena manifesta-se claramente ao considerar as condições requeridas para alcançar este elevado estado de existência. As qualidades que o ser humano precisa desenvolver durante a vida física, para ter direito à celeste após a morte, são as daqueles Seres mais nobres e bondosos da humanidade, assinaladas por Eles sempre como real e permanentemente desejáveis. Para que uma aspiração ou um pensamento tenham existência no mundo celeste é indispensável que seu caráter dominante seja altruísta.

O amor à família, a amizade leal e a devoção religiosa são qualidades que levam o ser humano à vida celeste. Embora possa ser um erro supor que toda afeição ou toda devoção têm que necessariamente encontrar expressão no mundo celeste *post-mortem* – pois de cada uma dessas qualidades há, obviamente, duas variedades, a egoísta e a altruísta – talvez se possa argumentar que apenas a última dessas qualidades é realmente digna de seu nome.

Existe um amor que esparge sobre o objeto amado, sem buscar nada em troca – nunca pensando em si mesmo, – e sim em tudo que pode fazer pelo amado. E tal sentimento amoroso gera uma força espiritual que só pode atuar no Plano Mental. Porém, existe também outra emoção que às vezes é chamada de amor – um exato tipo de paixão egoísta com o desejo de principalmente ser amado – que pensa sempre em receber ao invés de doar e tende a degenerar em ciúmes à menor provocação ou mesmo sem ela. Esse tipo de afeição não tem vez no desenvolvimento mental; as forças colocadas em movimento nunca se elevarão acima do Plano Astral.

O mesmo se pode dizer da falsa devoção religiosa de grande número de pessoas cujo único pensamento é a salvação de suas miseráveis almas, sem lhes importar muito com a glória de sua divindade, — uma posição que forçosamente sugere que ainda não desenvolveram qualquer coisa que realmente mereça o nome de alma.

Por outro lado, há a verdadeira devoção religiosa, cujo devoto nunca pensa em si mesmo, mas apenas no amor e na gratidão para com a sua divindade ou guia, desejando ardentemente fazer algo por ele ou em seu nome; e tal sentimento frequentemente leva a uma prolongada vida celeste de um tipo comparativamente exaltado.

Naturalmente, este poderia ser o caso de qualquer divindade ou guia, e os seguidores de Buda, Krishna, Ormuzd, Alá e Cristo, todos por igual, alcançariam necessariamente a felicidade celestial – sua duração e qualidade dependendo da intensidade e pureza do sentimento, e de modo algum do seu objeto amado, embora esta última consideração, sem dúvida, afetaria a possibilidade do devoto receber instrução durante a vida superior.

A maior parte da devoção humana, no entanto, como a maioria do amor humano, não é totalmente puro nem totalmente egoísta. Este amor ainda é de fato fraco, pois geralmente não há nenhum pensamento ou impulso altruísta nele. Por outro lado, uma afeição que é geralmente e em especial pura e nobre pode às vezes ser obscurecida por um espasmo de sentimento ciumento ou um pensamento passageiro de si mesmo. Em ambos os casos, como em tudo, a lei da justiça eterna infalivelmente exerce o poder de discernir; e assim como o lampejo momentâneo de sentimento mais nobre no coração do devoto menos desenvolvido certamente terá sua necessidade atendida no mundo celeste, mesmo que não haja mais nada na vida para elevar esta alma acima do Plano Astral, também o pensamento mais básico que outrora obscureceu o resplendor sagrado do verdadeiro amor operará sua força no mundo astral, não interferindo de modo algum na magnífica vida celestial que flui infalivelmente de anos de profundo afeto na vida física.

A primeira entrada na vida celeste

Vejamos como o ser humano chega pela primeira vez à vida celeste. Do exposto se infere que os Egos, em suas primeiras etapas de evolução, não alcançam o mundo celeste, e grande número de uns tantos outros só tocam, levemente, os planos inferiores.

Toda alma deve, é claro, se retirar para o seu verdadeiro eu, nos níveis mais elevados, antes de reencarnar; mas isso não significa que, nessa condição, ela experimentará algo do que chamamos consciência. Trataremos mais detidamente deste ponto ao estudar os subplanos *arúpicos* ou sem forma, pois parece melhor começar pelo subplano inferior *rúpico* ou com forma, e proceder lentamente para cima, de sorte que podemos prescindir de momento da parte da humanidade cuja existência consciente, depois da morte física, se contrai ao Plano Astral, e considerar o caso de uma entidade que pela primeira vez eleva sua consciência ao subplano inferior do mundo celeste.

Evidentemente há vários métodos pelos quais se pode alcançar um importante passo no desenvolvimento inicial da alma, mas será suficiente para o nosso propósito citar o exemplo da vida real, observado por nossos investigadores ao estudar esta questão.

Havia uma pobre costureira que vivia num abrigo dos bairros de Londres, onde escasseavam luz e ar. Ela não era altamente educada, porque sua vida transcorrera em penoso labor sob condições adversas; mas era amável e transbordava simpatia e bondade com quem mantinha contato. Sua casa era a mais pobre daquela vizinhança, ainda que mais limpa e asseada do que as outras. Não tinha dinheiro para socorrer seus vizinhos em circunstâncias prementes, mas, em troca, dedicava uns tantos minutos de seu labor para prestar cordialmente os serviços que lhe eram possíveis.

Com efeito, ela era uma providência para as rudes e ignorantes operárias da vizinhança, que a olhavam como um anjo de auxílio e misericórdia, sempre presente em casos de tribulação e de enfermidade. Frequentemente, depois de trabalhar todo o dia sem ao menos um momento de descanso, levantava-se à meia-noite para alternar no cuidado de algum dos muitos enfermos que se achavam no insalubre e mórbido ambiente dos bairros pobres de Londres. E em muitos casos, a gratidão e o afeto que nos enfermos suscitava a incansável bondade da costureira eram os únicos sentimentos nobres de suas grosseiras e arrastadas vidas.

Tais como eram as condições de vida naquele pátio, não é estranho que alguns enfermos morressem, e então se notava que a costureira havia feito por eles mais do que sabia, pois não só lhes prestara auxílio em suas necessidades, mas também impulsionara notavelmente sua evolução espiritual. Pois estas eram almas pouco desenvolvidas – pessoas de uma classe menos evoluída – que nunca ainda, em qualquer de seus nascimentos, haviam posto em movimento as forças espirituais que sozinhas poderiam lhes dar existência consciente no Plano Mental; mas pela primeira vez tinham diante de si um ideal ao qual podiam aspirar, e a influência da abnegada costureira lhes havia despertado um sentimento de amor inegoísta, dando-as maior individualidade e as capacitando para, depois da vida astral, adquirir suas primeiras experiências no subplano inferior do mundo celeste.

Por certo essa foi uma experiência muito curta e, de modo algum do tipo mais avançado, mas de importância muitíssimo maior do que parece à primeira vista, porque, enquanto se atualiza a energia espiritual do inegoísmo, os resultados de sua atuação no mundo celeste as estimulam à repetição. Embora esta primeira efusão possa ser em pequena quantidade, no mundo espiritual ela tingirá levemente a alma de uma qualidade que certamente terá expressão na próxima vida.

Assim, a gentil benevolência de uma pobre costureira deu a várias almas menos desenvolvidas a oportunidade de obterem uma vida espiritual consciente, cuja encarnação após encarnação se tornará cada vez mais forte e reagirá cada vez mais à vida terrena. Este pequeno episódio talvez sugira uma explicação para o fato de que nas várias religiões tanta importância se dá à caridade – a associação direta entre doador e receptor.

Os céus inferiores

Sétimo subplano: o ínfimo céu

A ínfima subdivisão do mundo celeste, para a qual a ação da humilde costureira elevou aqueles ao seu cuidado, tem por características principais os afetos de parentesco e amizade inegoístas, porém, algo limitados. Neste ponto, devemos precaver-nos da possibilidade de equívocos. Ao dizer que os afetos de família elevam o ser humano até o sétimo subplano celeste e que a devoção religiosa o eleva até o sexto, pode parecer que se alguém possuísse ambas as qualidades fortemente desenvolvidas haveria de dividir a sua vida celeste entre esses dois subplanos, passando um longo período de felicidade cercado por seus familiares e ascendendo depois para o nível seguinte para exaurir as forças espirituais engendradas pela devoção religiosa.

Contudo, não é isso o que sucede, porque em tal caso o indivíduo despertaria conscientemente no sexto subplano, onde se encontraria relacionado com aqueles que foram na Terra objeto de tão amorosa devoção quanto foi capaz de sentir. E quando pensamos nisso, consideramos razoavelmente suficiente, porque o ser humano que é capaz de devoção religiosa, e ao mesmo tempo afeto familiar, possui esta virtude mais desenvolvida do que aquele que só tem sua mente suscetível de influência para uma única direção. A mesma regra é válida sempre. O plano mais elevado inclui sempre as qualidades do inferior, além de suas características peculiares, e quando isso acontece, seus habitantes quase invariavelmente têm essas qualidades em maior medida do que as almas do subplano inferior.

Ao dizer que a afeição familiar é característica do sétimo subplano, não se há de supor que o amor fique restrito a este, mas sim, significa que o indivíduo que alcança esse subplano depois da morte é aquele cuja natureza de sua afeição era de uma qualidade elevada — a única que o capacita a entrar na vida celeste. Mas o amor de um tipo muito mais nobre e puro jamais visto neste nível pode ser encontrado nos subplanos superiores.

Uma das primeiras entidades que os investigadores observaram no sétimo subplano do Plano Mental trata-se de exemplo típico de seus habitantes. Era um homem que em sua vida terrena fora comerciante de alimentos, pessoa de pouco alcance intelectual e sem nenhum sentimento religioso, porém, de impecável honradez comercial. Sem dúvida que ele havia assistido à missa todos os domingos, porque era costume e apropriado fazê-lo; mas a religião tinha sido para ele uma espécie de enigma incompreensível, sem relação com os afazeres da vida diária, e nunca a levava em conta para a resolução de seus problemas. Portanto, carecia de sentimento devocional que o elevasse ao próximo subplano. Porém, ele sentia profundo e terno afeto pela esposa e filhos, do tipo consideravelmente inegoísta. Frequentemente estas pessoas ocupavam seu pensamento, e por eles, mais do que por si próprio, trabalhava de manhã até a noite em seu comércio. Ao terminar a vida no Plano Astral, abandonando o corpo do desejo, encontrou-se no subplano inferior do mundo mental, rodeado de sua esposa e filhos.

Não era então nosso homem nem mais inteligente nem mais espiritual do que quando vivia no Plano Físico, porque a mudança de um mundo para outro não implica progressos repentinos. O ambiente no qual se achava com sua família não era muito refinado, pois só representava seu ideal de abstenção de prazeres materiais durante a vida terrena; porém, o comerciante era tão intensamente feliz quanto era capaz de sê-lo, e como sempre pensou em sua família mais do que em si mesmo, estava certamente desenvolvendo características inegoístas determinantes de uma qualidade permanente que se manifestaria em suas futuras vidas terrenas.

Outro caso típico foi o de um homem que morreu enquanto sua única filha ainda era jovem, e no mundo celeste a mantinha sempre ao seu lado e se ocupava em traçar os mais formosos projetos a respeito do futuro dela.

Outro ainda era a de uma jovem que estava sempre absorta em contemplar as múltiplas perfeições de seu pai e planejava pequenas surpresas e novos prazeres para ele. Outro caso ainda era o de uma mulher grega que estava passando um tempo maravilhosamente feliz com seus três filhos — um deles um menino bonito, a quem ela adorava imaginar como um vencedor nas Olimpíadas.

Surpreendente característica do sétimo subplano nas investigações realizadas foi a de encontrar ali grande número de romanos, cartagineses e ingleses dos séculos passados, ao passo que havia poucos hinduístas e budistas. A razão é que os homens do primeiro grupo se concentraram mais no sentimento inegoísta, nos afetos de família, que os deteve no sétimo subplano, enquanto que os hinduístas e budistas desenvolveram mais intensamente seu sentimento devocional, que os levou ao nível mais elevado.

Houve, por certo, uma infinita variedade de casos observados, seus diferentes seres em graus mais avançados, sendo distinguíveis por vários graus de luminosidade, enquanto diferenças de cor indicavam respectivamente as qualidades que haviam desenvolvido. Alguns eram amantes que tinham morrido na plenitude de seu afeto e haviam sempre se ocupado com a pessoa amada, excluindo por completo as outras pessoas. Havia os quase selvagens, como, por exemplo, um malaio, de evolução muito embrionária (na etapa tecnicamente chamada terceira classe inferior de *pitris*), que tinha uma ligeira experiência celeste resultante do amor professado a uma filha durante a vida terrena.

Em todos estes casos, foi o toque de amor inegoísta que lhes deu o paraíso. Na verdade, fora isso, não havia nada na atividade de suas vidas pessoais que pudesse ter se expressado naquele subplano.

Na maioria dos casos observados, as imagens dos entes amados estavam longe de ser perfeitas, de modo que os Egos amados por eles eram apenas muito debilmente capazes de manifestar-se por meio delas, embora sempre mais satisfatoriamente do que por meio do corpo físico. Na vida terrena, vemos parcialmente nossos parentes e amigos, e só percebemos deles as qualidades que se afinam com as nossas, de maneira que para nós é como se não existissem as demais facetas de seu caráter.

Nossa convivência com eles e nosso conhecimento deles no mundo físico significam muito para nós e costumam ser o que há de mais caro em nossa vida; porém, tal convivência e conhecimento são em realidade sempre deficientes, porque mesmo no caso raro de crermos que conhecemos a fundo uma pessoa, só está manifesto durante aquela vida terrena um aspecto de seu verdadeiro ser, o aspecto que percebemos e conhecemos, e há muito mais atrás do Ego real que nós não podemos de forma alguma alcançar. Portanto, se por meio da visão mental direta e perfeita nos fosse possível ver pela primeira vez em sua totalidade o nosso parente ou amigo, ao encontrá-lo após a morte, provavelmente não o reconheceríamos, pois não nos pareceria o mesmo que conhecemos e contatamos na Terra.

O intenso afeto que eleva o indivíduo até a vida celeste é uma força tão poderosa que alcança a pessoa amada e suscita nela uma resposta cuja intensidade vibratória depende do grau de evolução do Ego que responde; porém, seja qual for o seu grau de intensidade, há resposta.

Certamente a Alma ou o Ego só pode ser alcançada em seu próprio plano, uma das subdivisões *arúpica* do Plano Mental, — mas pelo menos estamos muito mais perto disso em qualquer estágio do mundo celeste do que estamos aqui, e, consequentemente, sob condições favoráveis, lá podemos conhecer muito melhor o nosso amigo do que jamais seria possível aqui, ainda que sob as condições mais desfavoráveis, estaremos muito mais próximos da realidade do que jamais tivemos antes.

É necessário levar em consideração dois fatores ao tratarmos deste assunto — o grau de desenvolvimento de cada ser humano investigado. Se a pessoa que está no subplano inferior do mundo celeste tem suficiente espiritualidade e seu amor é muito intenso, poderá forjar uma imagem de um amigo, por meio da qual possa expressar-se num grau considerável. Mas, para aproveitar ao máximo essa oportunidade, é necessário que essa alma esteja bastante avançada em sua evolução.

Vemos, portanto, existirem duas razões para que a manifestação seja imperfeita. A imagem feita pelo morto pode ser tão vaga e ineficiente que o amigo, embora bem desenvolvido, fará muito pouco uso dela; e, por outro lado, mesmo quando uma boa imagem é feita, pode não haver desenvolvimento suficiente por parte do amigo para que ele possa beneficiar-se.

Mas, em todo e qualquer caso, a alma do amigo é alcançada pelo sentimento de afeição, e qualquer que seja o seu estágio de desenvolvimento, ele responde imediatamente espargindo-se na imagem que foi feita. A extensão com que o homem verdadeiro pode expressar-se através dele depende dos dois fatores acima mencionados – em primeiro lugar, o tipo de imagem que é feita, e, em segundo, o quanto há de alma para expressar-se; porém, mesmo a imagem mais fraca pode, de qualquer maneira, ser produzida no Plano Mental, e, consequentemente, será muito mais fácil para o Ego alcançá-la do que é para um corpo físico que se encontra dois planos mais abaixo.

Se o amigo que é amado ainda está fisicamente vivo, ele estará completamente inconsciente aqui embaixo, no Plano Físico, de que o seu verdadeiro Ser está desfrutando desta outra manifestação adicional, mas isso de forma alguma afeta o fato de que aquela manifestação adicional é mais real e contém uma expressão mais próxima do seu verdadeiro Ser do que essa manifestação no Plano Físico, que é tudo quanto a maioria de nós ainda pode ver.

Um ponto interessante sobre este particular é que se um indivíduo pode relacionar-se com a vida celeste de vários parentes e amigos simultaneamente, poderá também se manifestar ao mesmo tempo nas várias imagens que deles se forjem.

Este ponto não oferece dificuldade para os que conhecem a mútua relação de alguns planos com outros, e lhes será tão fácil manifestar-se simultaneamente em ambas as imagens como para nós é fácil perceber ao mesmo tempo a impressão de vários objetos em diferentes partes do corpo físico.

A relação de um plano com outro é análoga à de uma dimensão com outra. Nenhum número de unidade da dimensão inferior pode igualar-se a uma unidade da dimensão imediata superior, e da mesma maneira, por muitas que sejam as imagens, não esgotariam o poder da manifestação do Ego. Pelo contrário, a multiplicidade de manifestações dá ao Ego nova oportunidade de progresso no Plano Mental, como resultado direto recompensador, segundo a lei da justiça divina, das ações ou qualidades que evocaram tal efusão de afeição.

Disso se infere que, conforme o ser humano progride, aumentam suas oportunidades em todas as direções. À medida que avança, provavelmente, ele é capaz de atrair o amor e a reverência dos demais, assim como poderá ter muitas imagens-pensamento à sua disposição no Plano Mental, e ao mesmo tempo sua capacidade de recepção e manifestação rapidamente acrescerá.

Exemplo disso oferece um caso observado por nossos investigadores. Era o de uma mãe que havia morrido talvez há 20 anos, deixando dois filhos que ela adorava. Naturalmente, esses dois filhos, de 15 e 16 anos de idade, eram as primeiras figuras do seu céu, e ela pensava neles com a imagem que os deixou ao morrer. O amor que a mãe vertia incessantemente sobre as imagens influía beneficamente nos dois filhos que iam crescendo para a virilidade no Plano Físico; porém, não os afetava por igual, não porque o seu amor era mais forte por um do que pelo outro, mas sim pela grande diferença na vitalidade de ambas as imagens, que a mãe não podia distinguir, pois lhe pareciam perfeitas. Mas aos olhos dos investigadores, uma imagem estava mais vitalizada do que a outra, porque, segundo se averiguou, um dos dois filhos havia se dedicado aos negócios, porém isso não significava que ele fosse mau, mas sua mente não era espiritualizada de modo algum. Enquanto o outro se tornara um homem de alta aspiração inegoísta e de considerável refinamento e cultura, sua vida foi tal que desenvolveu na alma uma maior conscientização do que a de seu irmão e, consequentemente, seu Eu Superior foi capaz de vitalizar muito mais plenamente a imagem de seus dias de juventude que sua mãe havia formado em sua vida celeste. Havia mais alma para intervir, e, por isso, a imagem era mais vívida.

Pesquisas posteriores revelaram números de exemplos similares, e foi muito claramente visto que quanto mais uma alma é espiritualmente evoluída, mais plenamente ela pode expressar-se em tais manifestações devido ao amor provido por seus amigos. E, por meio de completa expressão, ele também se habilita a extrair mais e mais benefícios da força viva desse amor à medida que esse se derrama sobre si através dessas imagens-pensamento. Conforme a alma cresce, essas imagens tornam-se expressões mais completas, até que, quando ele atinge o nível de um Mestre, conscientemente as emprega como meio de ajudar e instruir seus discípulos.

Unicamente por este meio é possível a comunicação entre os que ainda estão aprisionados no corpo físico e os que estão no reino celestial. Como já dissemos, uma alma pode manifestar-se gloriosamente por meio da imagem forjada dele, no mundo celeste, pelos que o amaram na Terra, e contudo ser inconsciente de dita manifestação enquanto atua por meio do corpo físico, crendo-se incapaz de comunicar-se com o amigo falecido. Mas se essa alma evoluiu sua consciência até o ponto de unificação e pode, portanto, usar a plenitude de suas faculdades enquanto ainda está no corpo físico. Ele então perceberá, mesmo durante esta vida terrena, que, assim como outrora, ele ainda está frente a frente com seu amigo — que a morte não removeu aquele que ele amava, porém, apenas abriu seus olhos para a vida mais e mais ampla que existe ao nosso redor.

Na aparência, o amigo será visto na mesma forma que teve na vida física, porém surpreendentemente glorificado, porque tanto o corpo astral quanto o corpo mental reproduzem a configuração do corpo físico dentro do ovoide cujo contorno está determinado pelo corpo causal, de modo que a configuração física tem o aspecto de uma neblina densa rodeada de outra menos densa. Durante toda a vida celeste, mantém-se vivo o sentimento de personalidade da última vida física, e é apenas quando a consciência finalmente é retirada para o corpo causal que esse sentimento de individualidade e personalidade se fundem, de maneira que, pela primeira vez, durante a encarnação, o indivíduo se percebe como Ego real e permanente.

Alguns perguntam se no Plano Mental existe a noção do tempo, se há sucessão de dias e noites, e de sono e vigília. O único despertar no mundo celeste é o lento alvorecer de uma maravilhosa felicidade sobre a percepção mental quando o indivíduo entra nesse Plano, e o único sono é a lenta queda, igualmente gradual, na felicidade inconsciente quando o longo prazo desta vida finalmente chega ao fim.

Uma vez foi descrito para nós como sendo uma espécie de prolongamento de todas as horas mais felizes da vida de um indivíduo ampliada cem vezes em êxtase; e embora essa definição deixe muito a desejar (como são de fato todas as definições no Plano Físico), ela está ainda mais próxima da verdade do que essa ideia de sucessão de dias e noites. Existe, de fato, o que parece ser uma infinidade de modalidades de felicidade no mundo celeste; porém as mudanças na maneira de dormir ou acordar não fazem parte do seu plano.

Na separação final entre o corpo astral e o mental, sobrevém um período de inconsciência superficial – cuja duração varia entre limites muito extremos – analogamente ao que ocorre ao morrer o corpo físico. O despertar da consciência mental assemelha-se ao despertar do sono profundo de uma noite. Da mesma forma que ao despertar pela manhã passamos por um período de delicioso repouso durante o qual se está consciente da sensação de prazer, embora a mente não esteja ativa nem o corpo físico, assim também, quando o Ego desperta no mundo mental, passa por um período mais ou menos longo de intensa e gradualmente crescente felicidade até alcançar a plena atividade.

A primeira vez que o Ego experimenta este admirável sentimento de alegria, preenche todo o campo de sua consciência, porém, gradualmente, ao acordar, ele se vê cercado por um mundo povoado por seus próprios ideais e apresentando as características apropriadas ao subplano para o qual foi atraído.

Sexto subplano: o segundo céu

Pode-se dizer que a característica dominante desse subplano é a devoção religiosa antropomórfica. A distinção entre essa devoção e o sentimento religioso que encontra sua expressão no segundo subplano do mundo astral reside no fato de que o primeiro é puramente altruísta (a pessoa que se sente totalmente despreocupada em relação a si mesma quanto ao resultado de sua devoção), enquanto a segunda é sempre levado pela esperança e o desejo de obter algum benefício material em troca de seu ato de devoção, de modo que no segundo subplano astral, tal sentimento religioso contém invariavelmente um elemento de barganha egoísta, enquanto que a devoção que eleva a pessoa até o sexto subplano do mundo celeste está livre desta mácula.

Por outro lado, esta modalidade de devoção que consiste essencialmente na adoração perpétua de uma divindade pessoal deve ser distinguida cuidadosamente daquelas outras modalidades superiores de devoção manifestadas em alguma obra, definidamente praticadas em honra da divindade. Alguns exemplos dos casos observados neste subplano mostrarão tal distinção mais claramente que as palavras descritas.

Grande número de entidades, cuja atividade mental opera nesse subplano, procede das religiões orientais;

mas, somente aqueles que têm por característica uma devoção pura, embora relativamente irracionais e de pouca inteligência, operam nesse subplano. Nele se encontram os adoradores de *Vishnu*, o *Avatar Krishna*, em especial, e alguns adoradores de *Shiva*, cada qual envolto no casulo de seus próprios pensamentos, a sós com o seu deus pessoal, e esquecidos da humanidade, exceto dos seres que eles amaram na Terra. Viu-se, por exemplo, um *vaishnavite* inteiramente absorto na extática adoração da imagem de Vishnu a quem tinha dedicado suas oferendas durante a vida terrena.

Alguns dos exemplos mais característicos desse plano podem ser encontrados entre as mulheres, que de fato formam uma grande maioria de seus habitantes. Entre outras, havia uma hinduísta que tinha divinizado seu marido e imaginava seus filhos brincando com o menino Krishna; porém, enquanto os filhos eram para ela imagens de pessoas humanas, a imagem que ela tinha do menino Krishna era simplesmente a mesma imagem de madeira azul pintada na parede de sua casa. Krishna também apareceu em seu céu sob outra forma — a de um jovem delicado tocando flauta; mas ela não estava nem um pouco confusa ou perturbada por essa dupla aparição. Outra mulher, adoradora de *Shiva*, tinha confundido o deus com seu marido, a quem encarava como uma manifestação daquele, de modo que cada imagem estava constantemente mudando de uma para outra. Existem também alguns budistas neste subplano, porém são os que, menos instruídos, consideram Buda mais como um objeto de adoração do que um eminente instrutor.

A religião cristã contribui notadamente para povoar o sexto subplano. A supersticiosa devoção exemplificada pelo camponês católico iletrado de um lado, e de outro, o ardente soldado do Exército da Salvação, parece que dão resultados muito semelhantes aos descritos, pois se encontram entregues à contemplação em Cristo e sua mãe Maria. Por exemplo, viu-se um camponês irlandês, absorvido em profunda adoração à Virgem Maria, que a imaginava com a lua aos seus pés, como a representa Ticiano em seu quadro da Assunção, mas estendendo as mãos e falando com ele. Um monge medieval foi visto em extática contemplação de Cristo crucificado, e a intensidade de seu desejoso amor e piedade era tal que, ao olhar o sangue das feridas da figura de Cristo, os estigmas se lhe reproduziam no corpo mental.

Outro homem parecia ter esquecido a triste história da crucificação e só pensava em Cristo glorificado em seu trono, com o mar de vidro ante ele, e uma inumerável multidão entre a qual estava o adorador com sua mulher e filhos, que ele amava profundamente, porém seus pensamentos se dirigiam à adoração de Cristo, embora tivesse dele um conceito tão material que o representava mudando caleidoscopicamente entre a figura humana e a do cordeiro com a bandeirinha que se costuma ver nas janelas das igrejas.

Caso interessantíssimo foi o de uma freira espanhola que morrera aos dezenove ou vinte anos de idade. No mundo celeste, retrocedeu à época em que Cristo estava na Terra, e se imaginava em companhia dele por todos os lugares de que falam os evangelhos, quando ele, depois da crucificação, zelava por sua mãe, a Virgem Maria. Mas as imagens das paisagens e dos costumes da

Palestina eram imprecisos, porque o Salvador e seus discípulos estavam vestidos de trajes de camponeses espanhóis, as colinas circundantes de Jerusalém eram altas montanhas plantadas de vinhas, e as oliveiras estavam cobertas de musgo. A mulher se imaginava martirizada por sua fé e ascendendo ao céu, para desfrutar novamente da vida, na qual ela havia se deleitado.

Terminaremos a enumeração de exemplos da vida celeste no sexto subplano, relatando o caso de um menino que morreu com a idade de sete anos e se ocupava em atualizar no mundo celeste as lendas religiosas que lhe ensinara sua enfermeira irlandesa. Antes de tudo, ele se imaginava brincando com o Menino Jesus, ajudando-o a fabricar os bonecos de barro que, segundo a lenda, tinham vida e punham-se a voar pelo poder do Cristo menino.

Pode-se ver que a cega e inculta devoção a que nos referimos, não eleva os devotos à grande altura espiritual; mas recordemo-nos de que em todos os casos estão completamente felizes e de todo satisfeitos, pois recebem tanto quanto são capazes de receber. Contudo, o seu estado de consciência favorece o seu futuro, pois ainda que esse tipo de devoção, por intensa que seja, sempre venha desenvolver o intelecto, ela não produzirá maior aptidão para uma modalidade superior de devoção, mas, em muitos casos, também conduzirá à uma vida pura.

No entanto, a pessoa que vive tal vida e desfruta de tal céu como o descrito, embora não seja capaz de fazer progressos rápidos na senda do aperfeiçoamento espiritual, livra-se de muitos perigos, pois não é provável que em seu próximo nascimento ela cometa pecados mais grosseiros, ou desprendidos de suas aspirações devotas, e caia numa conduta mundana de avareza, ambição e libertinagem. De qualquer modo, o exame desse subplano ressalta a necessidade de seguir o conselho de São Pedro: "Acrescentai à vossa fé a virtude, e à virtude, conhecimento".

Posto que tão estranhos resultados derivem das modalidades grosseiras da fé é muito interessante observarmos os efeitos do materialismo grosseiro tão comum na Europa há um século. A Senhora Blavatsky expôs em *A Chave para a Teosofia*[6] que, em alguns casos, o indivíduo materialista não desfruta da vida celeste, porque durante a vida terrena não acreditou na sua existência. Parece provável, entretanto, que a Senhora Blavatsky empregue a palavra "materialista" em um sentido muito mais restrito do que aquele em que é geralmente usado, pois, no mesmo volume, ela também afirma que para eles não é possível nenhuma vida consciente após a morte, considerando que é uma questão de conhecimento comum entre aqueles que trabalham à noite no Plano Astral, que muitos daqueles a quem normalmente chamamos de materialistas serão encontrado lá, e certamente não estão inconscientes.

Por exemplo, um eminente materialista, intimamente conhecido de um dos nossos investigadores, estava há algum tempo atrás no subplano mais elevado do astral, rodeado de seus livros e prosseguindo seus estudos como o teria feito na Terra. Ao ser questionado por seu amigo, ele prontamente respondeu que, com efeito, as teorias que defendera durante a vida terrena eram

---

[6] BLAVATSKY, H.P., *A Chave para a Teosofia*, Brasília: Ed. Teosófica, 1991. (N.E.)

combatidas pela lógica irresistível dos fatos, porém suas tendências agnósticas ainda eram bastante firmes para não crer no que o seu amigo lhe dizia sobre a existência de um mundo superior, o Plano Mental. No entanto, havia certamente no caráter deste indivíduo muito do que só podia achar plena expressão do Plano Mental, e desde que sua incredulidade da vida depois da morte não havia impedido suas experiências astrais, parece que não há razão para supor que possa verificar futuramente o devido funcionamento nele, no mundo celeste, de forças superiores.

Seguramente ele perdeu muito por sua incredulidade. Sem dúvida, se tivesse sido capaz de compreender a beleza do ideal religioso, teria provocado em si mesmo uma poderosa energia devocional, cujos efeitos colheria na ocasião. Tudo isso, que poderia ter sido dele, perdeu-se. Mas seu profundo e inegoísta afeto à família, seus ardentes e infatigáveis esforços filantrópicos, eram também fluxos de energia que deviam produzir seus resultados e só podiam produzi-los no Plano Mental. A ausência de uma modalidade de força não pode impedir a ação das demais.

Outro caso mais recente observado, foi o de um materialista que ao despertar no mundo astral, depois da morte, acreditou que ainda estava vivo na Terra, porém sob a influência de um pesadelo. Afortunadamente para ele havia, entre o grupo capaz de operar no Plano Astral, um filho de um antigo amigo seu, enviado de propósito para prestar-lhe auxílio. Naturalmente, ele supôs, a princípio, que o jovem era apenas uma figura em seu sonho; porém, ao receber uma mensagem do seu velho amigo referindo-se a assuntos que haviam ocorrido antes do nascimento do jovem mensageiro, convenceu-se da realidade do Plano em que se encontrava, e mostrou-se ansioso por obter todas as informações possíveis sobre a sua situação. A instrução que lhe foi dada sob estas condições, indubitavelmente, terá um grande efeito sobre ele, modificando uma grande parte não apenas de sua vida celeste, aonde ele se encontra, mas também sua próxima encarnação na Terra.

Não deve surpreender-nos o que nos mostram estes dois e muitos outros exemplos, porque é tudo quanto nos cabe esperar de nossas experiências no Plano Físico, onde observamos constantemente que a natureza não faz concessões ao fato de desconhecermos suas leis. Se, crente de que o fogo não queima, o indivíduo puser sua mão na chama, irá convencer-se rapidamente do seu erro. Da mesma forma, a incredulidade de um indivíduo em relação à vida futura não altera os fatos da natureza, e esse ao morrer reconhece o seu erro.

Portanto, o tipo de materialismo mencionado por Madame Blavatsky, nas observações acima, era, provavelmente, muito mais grosseiro e agressivo do que o agnosticismo comum, — algo que tornaria extremamente improvável para o materialista que o sustenta ter quaisquer qualidades que requeiram uma expressão ou vida no Plano Mental, no qual possam se desenvolver.

Quinto subplano: o terceiro céu

A característica principal desse subplano é a devoção manifestada em trabalho ativo. Por exemplo, o cristão, nesse subplano, ao invés de meramente adorar seu Salvador, vê-se saindo pelo mundo para trabalhar para Ele. É especialmente o subplano para a elaboração de grandes esquemas e projetos não realizados na Terra — de grandes organizações inspiradas pela devoção religiosa, e geralmente tendo como objeto um propósito filantrópico. Deve-se ter em mente, contudo, que sempre que nos elevamos, maiores complexidade e variedade são introduzidas, se bem que cabe assinalar a característica dominante nesse subplano, no qual ainda estaremos cada vez mais sujeitos a encontrar variações e exceções que não se encaixam tão prontamente sob a característica fundamental.

Um caso típico, embora um pouco superior à média, foi o de um indivíduo que estava traçando um grande plano para melhorar as condições de vida das classes inferiores da sociedade. Conquanto fosse homem profundamente religioso, compreendia que o primeiro passo ao tratar com o pobre era o melhoramento de suas condições materiais; e o plano que no momento projetava em sua vida celeste com feliz êxito e especial atenção a todos os pormenores era algo que muitas vezes passara por sua mente enquanto estava na Terra, embora tivesse sido completamente incapaz de dar qualquer passo em direção à sua realização.

O plano consistia em que se possuísse enormes riquezas, ele adquiriria ou realizaria um pequeno negócio — um em que três ou quatro grandes companhias se comprometessem; considerava que poderia economizar muito, excluindo assim a publicidade competitiva e outras formas dispendiosas de rivalidade comercial, e, ao mesmo tempo, sendo capaz de fornecer bens ao público pelo mesmo preço e, dessa forma, poderia pagar melhores salários aos seus trabalhadores. Fazia parte de seu esquema comprar um pedaço de terra e erguer cabanas para todos, cada uma cercada por um pequeno jardim; depois de alguns anos de serviços, cada trabalhador deveria adquirir uma parte dos lucros do negócio que seria suficiente para provê-lo na velhice. Mediante a realização deste plano, o filantropo esperava demonstrar ao mundo que o Cristianismo tinha um aspecto eminentemente prático, e também conquistar as almas de seus funcionários para sua própria fé, em gratidão pelos benefícios materiais que haviam recebido.

Outro caso análogo foi o de um príncipe hindu cujo ideal na Terra fora o heroico rei *Rāma*, do qual exemplo procurou modelar sua conduta e seus métodos de governo. Sem dúvida, durante seu reinado ocorreram acidentes adversos e a maior parte de seus planos fracassou; porém na vida celeste todos tiveram êxito, e todos os resultados possíveis corresponderam aos esforços bem intencionados – *Rāma*, é claro, aconselhando e dirigindo pessoalmente seu trabalho e recebendo adoração perpétua de todos os seus devotados súditos.

Um exemplo curioso e um tanto tocante do trabalho religioso foi o de uma mulher que havia sido freira, pertencente a uma das ordens de trabalho e não das contemplativas. Evidentemente ela amoldara sua conduta ao texto evangélico que diz: "Quanto fizestes ao menor destes meus irmãos, a mim o fizestes". E agora no mundo celeste ela ainda estava praticando, em toda a plenitude, as exortações de seu Senhor, sempre ocupada em curar os enfermos, alimentar os famintos, vestir e ajudar os pobres – a particularidade de que aqueles que ela atendia assumiam o aspecto do Cristo, a quem ela então adorava com fervorosa devoção.

Outro caso instrutivo foi o de duas irmãs que, na vida terrena, tinham sido intensamente religiosas; uma delas esteve inválida durante toda a sua vida, e a outra dedicou-se a cuidar dela. Na Terra, elas frequentemente discutiam e planejavam qual trabalho religioso e filantrópico realizariam se pudessem. No quinto subplano, cada uma delas é a figura principal no céu da outra, pois a deficiente está boa e forte e ambas se imaginam levando a cabo a grande obra que idealizaram na Terra. Esse foi um belíssimo exemplo da tranquila continuidade da vida no caso de pessoas com propósitos inegoístas, pois a única diferença que ocasionou a morte física foi a eliminação da doença e o sofrimento, e a facilidade da obra que até então havia sido impossível.

Nesse subplano, também se encontram a mais sincera e devotada atividade missionária. Por certo, o comum e ignorante fanático não chega a este nível; mas alguns dos casos mais nobres, como o de Livingstone[7], podem aqui ser encontrados ocupando-se na tarefa de converter à sua religião multidão de pessoas. Um dos mais notáveis desses casos foi o de um maometano, que se imaginava trabalhando com muito zelo na conversão do mundo e de seu governo, de acordo com os princípios fundamentais do Islamismo.

Parece que em certas condições também a aptidão artística pode trazer seus devotos a esse subplano. No entanto, convém assinalar uma distinção. O artista ou

---

[7] David Livingstone (1813-1873) nasceu na cidadezinha de Blatyre na Escócia. Foi um missionário e explorador escocês, que introduziu o Cristianismo moderno na África e abriu os olhos da Europa para o continente africano. (N.E.)

músico cujo único anelo é a fama pessoal, ou que habitualmente se deixa influenciar por sentimentos de ciúme profissional, naturalmente, não gera forças que o levem ao Plano Mental. Por outro lado, os eminentes artistas que consideram sua arte como uma potentíssima força que se lhes confiou para o aperfeiçoamento espiritual de seus semelhantes expressar-se-ão em regiões ainda mais elevadas do que essa. Mas entre ambos os extremos há artistas que cultivam a arte pela arte ou a consideram como uma oferenda à divindade; sem pensar no efeito que sua obra possa causar em seus semelhantes, podem, em alguns casos, encontrar seu paraíso apropriado nesse subplano.

Exemplo disso nos oferece o caso de um músico, de temperamento muito religioso, que considerava toda a sua obra de amor simplesmente como uma oferenda ao Cristo, e nada sabia do grandioso concerto de sons e cores que suas inspiradas composições produziam no Plano Mental. Mas nem todo o seu entusiasmo seria desperdiçado e infrutífero, pois sem se aperceber disso, ele trazia alegria e prestava auxílio a muitos, do que derivava o incremento de sua devoção e de sua aptidão musical no próximo nascimento; porém, sem a intensa aspiração ao benefício da humanidade, essa classe de vida celeste poderia repetir-se quase indefinidamente. Com efeito, se ponderarmos sobre os três subplanos de que temos tratado, veremos que em todos os casos se nota a devoção a personalidades — seja à família e aos amigos ou a uma divindade pessoal — ao invés de uma maior devoção à humanidade, que encontra expressão no próximo subplano.

Quarto subplano: o quarto céu

Tão variadas são as atividades neste nível mais alto de *rūpa*, que é difícil agrupá-las numa só característica. Talvez elas possam ser bem organizadas em quatro categorias principais: a busca altruísta do conhecimento espiritual, o elevado pensamento filosófico ou científico, a capacidade literária ou artística exercida com propósitos altruístas e o serviço em prol de uma causa. A exata definição de cada uma destas categorias poderá ser mais facilmente compreendida quando dermos exemplos delas.

Naturalmente, é dessas religiões, nas quais a necessidade de obter conhecimento espiritual é reconhecida, que a maior parte da população desse subplano é atraída. Recordemo-nos de que no sexto subplano encontramos muitos budistas cujo sentimento religioso se manifestava em forma de devoção à personalidade do fundador do Budismo; aqui, pelo contrário, encontramos os seguidores mais inteligentes, cuja suprema aspiração era sentar-se aos pés de Buda e aprender — que o consideravam mais como um Instrutor do que como um Ser adorado.

Agora, em sua vida celeste, esse desejo mais elevado é preenchido; se encontram, na verdade, aprendendo com o Buda, e a imagem que assim fizeram dele não é uma forma vazia, mas, com certeza, através dela, brilha uma sabedoria maravilhosa, poder e amor do insigne Instrutor da Terra. Eles estão, portanto, adquirindo novos conhecimentos e ampliando suas visões; e o efeito sobre suas próximas vidas não poderá ser senão o de uma qualidade mais acentuada. Talvez não lembrem nenhum fato individual que tenham aprendido (contudo quando tais fatos lhes são apresentados, em uma vida subsequente, avidamente eles os compreendem e reconhecem intuitivamente sua verdade), mas o resultado do ensinamento será o incorporar ao Ego uma forte tendência a visões mais amplas e filosóficas sobre todos os temas.

Veremos como uma vida celestial pode de forma definitiva e inequívoca acelerar a evolução do Ego; e novamente nossa atenção é atraída para a enorme vantagem obtida por aqueles que aceitaram a orientação de Instrutores reais, vivos e poderosos.

Um tipo menos desenvolvido dessa forma de instrução se encontra nos casos em que algum escritor, verdadeiramente insigne e espiritual, se torna para um estudante uma personalidade viva e assume o aspecto de um amigo, constituindo parte da vida mental desse estudante — uma figura ideal em suas meditações. Tal instrutor pode intervir na vida celeste do discípulo e, em virtude de sua própria alma altamente evoluída, vivificar a imagem mental de si mesmo e, sob essas circunstâncias favoráveis, esclarecer ainda mais os ensinamentos de seus livros, realçando os seus significados mais ocultos.

A maioria dos hinduístas que seguem a senda da sabedoria encontra seu céu nesse subplano — isto é, se seus instrutores foram homens com algum conhecimento real. Alguns dos mais avançados entre os sufis e os parses também estão aqui; também encontramos alguns dos primeiros gnósticos cujo desenvolvimento espiritual era o de ganhar para si mesmos uma prolongada estadia nessa região celestial. Mas, exceto por esse comparativamente pequeno número de sufis e gnósticos, nem o Islamismo nem o Cristianismo parecem elevar seus seguidores a esse nível, embora alguns que nominalmente pertencem a essas religiões possam alcançar esse subplano pela presença, em seu caráter, de qualidades independentes dos ensinamentos peculiares à sua religião.

Encontramos também, no quarto subplano, estudantes sinceros e dedicados do Ocultismo que ainda não estão bastante adiantados para conquistarem o direito e o poder de renunciar à sua vida celeste em benefício do mundo. Entre esses havia um monge budista, conhecido de um dos nossos investigadores, que tinha sido um entusiasta da Teosofia e há muito tempo nutria a esperança de ser um dia privilegiado para receber instruções diretamente de seus instrutores Adeptos. Em sua vida celeste, era Buda a figura predominante, enquanto os dois Mestres mais diretamente relacionados com a Sociedade Teosófica apareceram também como seus representantes, os quais o ensinavam e lhe esclareciam os ensinamentos. As três imagens estavam repletas de poder e sabedoria dos eminentes Seres que elas representavam, e, portanto, o monge recebia ensinamentos reais sobre assuntos ocultos, cujo resultado quase certamente o levará, em seu próximo nascimento, para a Senda da Iniciação.

Outro exemplo encontrado nesse subplano foi o terrível efeito de abrigar suspeitas infundadas e não caridosas. Era o caso de uma devota e abnegada estudante que, no final de sua vida, infelizmente, caíra numa atitude de injusta desconfiança a respeito dos motivos de sua velha amiga e instrutora, a Madame Blavatsky; e foi triste notar como esse sentimento havia bloqueado, em grande medida, a influência e os ensinamentos mais elevados que ela poderia ter desfrutado em sua vida celeste.

Não que a influência e os ensinamentos lhe foram negados, mas sua própria atitude mental a tornava, até certo ponto, pouco receptiva. Ela por certo estava inconsciente disso, e aparentemente estava desfrutando da mais completa e perfeita comunhão com os Mestres; porém, os investigadores tinham a certeza de que, a não ser pela infeliz limitação que ela se impôs, teria colhido muito maior fruto, pois sua própria ingratidão enfraquecera seu poder de aceitá-lo.

Compreende-se que, como existem outros Mestres de Sabedoria relacionados com a Sociedade Teosófica, e outras escolas de Ocultismo que atuam na mesma direção daquelas a que pertencemos, os estudantes pertencentes a algumas dessas também são frequentemente encontrados nesse subplano.

Quanto à filosofia e à ciência de elevado valor mental, encontramos neste subplano (b) muitos daqueles pensadores mais nobres e mais altruístas que buscam *insight* e conhecimento apenas com o propósito de inspirar e ajudar seus semelhantes. Porém não incluímos no número de estudantes de filosofia os que tanto no Oriente como no Ocidente desperdiçam seu tempo em simples disputas e críticas — pois esta espécie de discussão tem sua raiz no egoísmo e na vaidade e nunca pode conduzir a mente a uma verdadeira compreensão dos fenômenos do Universo. Naturalmente, essa insensata superficialidade não produz resultados que funcionem no Plano Mental.

Observou-se o exemplo de um estudante desse subplano. Ele foi um dos seguidores do sistema neoplatônico, cujo nome felizmente foi preservado nos registros daquele período.

Durante toda sua vida terrena, ele esforçou-se para dominar os ensinamentos da escola neoplatônica, e, na vida celeste, ocupava-se em desvendar seus mistérios e compreender a sua influência na vida e no desenvolvimento humano.

Outro caso é o de um astrônomo que aparentemente havia começado a vida como ortodoxo, mas que pouco a pouco, sob a influência de seus estudos, foi para o Panteísmo; em sua vida celeste, ainda seguia esses estudos com uma reverente atitude mental, adquirindo conhecimento real daquelas grandes ordens dos *devas*, através de quem o majestoso movimento cíclico de poderosas influências estelares se expressava em fulgurações sempre mutáveis de penetrante e vívida luz. O astrônomo, absorto na contemplação de um vasto panorama de rodopiantes nebulosas e sistemas de mundos que se formavam gradualmente, parecia estar tateando através de alguma obscura ideia sobre a configuração do Universo, que ele imaginava como um enormíssimo animal. Seus pensamentos o rodeavam, como formas elementais de estrelas, uma fonte especial de alegria consistia em ouvir o imponente ritmo da música que ecoava dos universos em movimento.

O terceiro tipo de atividade nesse subplano é o mais alto tipo de esforço artístico e literário, inspirado principalmente pelo desejo de elevar e espiritualizar a humanidade. Aqui encontramos todos os nossos maiores músicos; nesse subplano, Mozart, Beethoven, Bach, Wagner e outros inundam o mundo celeste com uma harmonia ainda mais gloriosa do que aquela composta por eles quando estavam na Terra. É como se um grande fluxo de música divina vertesse nessas regiões mais elevadas e fosse, por assim dizer, especializado por esses subplanos, para então ser difundido através de todo o plano em uma grande maré de melodia, adicionando felicidade ao ambiente. Aqueles que estão atuando em plena consciência no Plano Mental irão ouvir com clareza e apreciar completamente essa magnífica efusão, mas mesmo as entidades desencarnadas desse nível, cada uma envolta em sua própria nuvem de pensamento, também é profundamente afetada pela elevada e enobrecedora influência dessa melodia ressonante.

O pintor e o escultor que cultivaram suas respectivas artes com ideais elevados e inegoístas estão constantemente traçando e projetando todos os tipos de adoráveis formas, para deleite e estímulo de seus próximos — sendo essas formas simples elementais artificiais criados por seus próprios pensamentos. E não apenas essas lindas concepções proporcionam profundo prazer àqueles que vivem inteiramente no Plano Mental, como também podem, em muitos casos, ser apreendidos pela mente dos artistas que ainda estão na Terra e assim reproduzi-los no Plano Mental para a elevação e o enobrecimento daquela porção da humanidade que luta em meio ao tumulto da vida física.

Uma figura linda e tocante vista, nesse subplano, foi de um menino corista que morrera aos 14 anos. Toda sua alma estava repleta de música e de juvenil devoção à sua arte, intensamente colorida pelo pensamento de que era a expressão dos anelos religiosos da multidão que lotava uma espaçosa catedral, sobre a qual vertia celestial alento e inspiração. Ele havia adquirido pouco conhecimento em sua curta vida, exceto um grande dom para a música, a qual ele dignamente usou, buscando ser a voz do povo entre a terra e o céu, e vice-versa, aspirando a conhecer sempre mais música, e então, torná-la mais louvável para o benefício da Igreja. Assim, na vida celeste, seus desejos frutificaram, e sobre ele via-se a figura graciosa de uma Santa Cecília medieval, criada por seu pensamento amoroso, a partir de sua imagem em um vitral. Mas embora a vestimenta exterior fosse uma representação pouco artística de uma duvidosa lenda eclesiástica, a realidade por detrás era viva e gloriosa; pois a forma-pensamento infantil foi vivificada por um dos poderosos arcanjos da hierarquia celestial da música e, por meio da imagem, ensinou ao corista uma grandiosa variedade musical, jamais conhecida na Terra.

Nesse subplano, também se encontrava um dos fracassos da Terra, — porque a tragédia da vida física às vezes deixa marcas até mesmo nos lugares celestiais. Em um mundo em que todos os pensamentos dos entes queridos mostravam-se radiosos para o amigo, ele pensava e escrevia em solidão. Era um homem que na Terra havia se esforçado por escrever um livro e, por este motivo, não quis empregar seu poder literário fazendo um trabalho insignificante somente para o seu sustento; porém, ninguém fez caso de sua obra, e ele vagou desesperado nas ruas, até que a miséria e o sofrimento fecharam seus olhos na Terra. Esteve só em toda a sua vida — em sua juventude, sem amigos e desligado dos laços de família, e quando adulto, trabalhou à sua maneira, repelindo as mãos daqueles que o teriam conduzido a uma visão mais ampla das possibilidades do paraíso terreno que ele ansiava proporcionar a todos.

Em sua vida celeste ele pensava e escrevia em completa solidão, pois a ninguém tinha amado como pessoa ou ideal protetor que pudesse interferir em sua vida mental; ele viu estender-se ante si a Utopia que sonhara e pela qual tinha desejado viver, com as impessoais multidões que anelou servir, e todo esse júbilo recaiu sobre ele, transformando sua solidão em paraíso. Quando voltar à Terra, seguramente ele será capaz de realizar tão bem como projetar, e sua celestial visão será parcialmente consistente em vidas terrenas mais felizes.

Encontram-se no quarto subplano muitos que, durante sua permanência na Terra, se dedicaram a auxiliar o próximo, porque sentiam os laços da fraternidade — que prestavam serviço por amor sem o propósito de agradar divindade em particular. Estavam empenhados em trabalhar com pleno conhecimento e tranquila sabedoria em muitos planos de beneficência, grandiosos projetos de melhoramento do mundo, e ao mesmo tempo amadureciam as faculdades que iriam realizar no plano inferior da vida física.

A realidade da vida celeste

Os críticos que apreenderam de forma muito imperfeita os ensinamentos teosóficos sobre a vida futura alegam que a vida do indivíduo comum no mundo celeste inferior não é nada além de um sonho ou ilusão, pois quando ele se imagina feliz em meio a seus parentes e amigos, ou realizando seus planos com plenitude de alegria e sucesso, é realmente apenas vítima de uma cruel ilusão: e isso às vezes está em contraste desfavorável com o que é chamado de "objetividade sólida" do prometido céu da ortodoxia.

A resposta a essa objeção é dupla: primeiro, quando estamos estudando os problemas da vida futura, não estamos preocupados em saber qual das duas hipóteses colocadas diante de nós seria a mais agradável (afinal de contas, é uma questão de opinião), mas qual delas é a verdadeira; e, em segundo lugar, quando investigamos mais profundamente os fatos referentes a esse particular, constatamos que aqueles que sustentam a teoria da ilusão estão examinando o assunto de um ponto de vista bastante errado, e não compreenderam completamente os fatos.

Quanto ao primeiro ponto, a verdade é de fácil percepção pelos que já desenvolveram o poder de transportar-se conscientemente ao mundo mental durante a vida, e quando assim investigado, verifica-se que está perfeitamente de acordo com os relatos passados pelos Mestres de Sabedoria por meio de nossa instrutora, Madame Blavatsky. Esses relatos descartam a hipótese da "teoria da objetividade"[8] mencionada acima, e deixam a cargo dos ortodoxos a incumbência de demonstrá-la. Quanto ao segundo ponto, a controvérsia, nos níveis inferiores, é de que a plena verdade do mundo celeste ainda não é conhecida pelo ser humano, e que, consequentemente, a ilusão ainda existe lá; devemos admitir francamente que assim o é. Mas isso não é o que normal-

---

[8] Para ser considerada objetiva, uma teoria, hipótese, asserção ou proposição deve ser passível de ser transmitida de uma pessoa para outra, demonstrável para terceiros, bem como representar um avanço no entendimento do mundo real. (N.E.)

mente significa para aqueles que fazem objeção a esse fato; eles são geralmente oprimidos pelo sentimento de que a vida celeste será ainda mais ilusória e inútil do que a física — uma ideia que se opõe inteiramente à realidade dos fatos.

Alega-se que no Plano Mental o ser humano cria o seu próprio ambiente, será que por esta razão ele percebe apenas uma parte muito pequena desse Plano? Certamente, um indivíduo sensível percebe do Plano Físico apenas o que lhe é permitido absorver, tanto pelos seus sentidos, quanto pelo intelecto e pela sua educação. É óbvio que durante a vida terrestre a concepção que um indivíduo médio tem do seu ambiente é um equívoco — vazia, imperfeita, imprecisa de diferentes modos. Portanto, o que sabe ele a respeito das grandes forças — etéricas, astrais e mentais — que estão por trás de tudo que ele percebe, e que de longe formam a parte mais importante? Em regra, o que sabe o indivíduo dos mais ocultos fatos físicos que o cercam e com os quais ele se depara a cada passo que dá? A verdade é que, tanto no Plano Físico quanto no mundo celeste, o ser humano vive em um mundo criado em grande parte por si mesmo, porém, devido à sua própria ignorância, não percebe tais fatos.

No mundo celeste um indivíduo considera seus pensamentos como coisas reais? Ele está certo; são coisas reais e, nesse plano de pensamento, nada além do pensamento pode ser real. Ali reconhecemos esse grande fato — aqui não o fazemos; em qual plano, então, a ilusão é maior? Esses pensamentos são, de fato, realidades e capazes de produzir os resultados mais impressionantes sobre os seres vivos — resultados que nunca poderão ser de outra maneira que não benéficos, porque, nesse plano elevado, não pode haver outro pensamento que não seja o amoroso. Assim, será visto que a teoria de que a vida celeste é uma ilusão, em realidade, é meramente o resultado de um equívoco, e mostra um conhecimento imperfeito de suas condições e possibilidades; a verdade é que quanto mais nos elevamos — mais nos aproximamos da única realidade.

Talvez ajude o principiante a compreender quão real e inteiramente natural é a parte mais elevada da vida de um indivíduo, se ele a considerar simplesmente como o resultado da porção anterior gasta nos dois planos inferiores. Todos nós sabemos que nossos ideais mais elevados nunca são realizados, que na vida terrena nossas mais altas aspirações nunca dão frutos, pelo que nos parece havermos perdido alguma força ou feito esforços infrutíferos. Contudo, sabemos que não pode ser assim, pois a lei da conservação da energia é válida tanto nos planos superiores como no inferior. Grande parte da energia espiritual superior vertida sobre o indivíduo não pode reagir sobre ele enquanto estiver na vida terrena, pois até que seus princípios superiores sejam libertados dos íncubos[9] da carne, eles são incapazes de responder a essas vibrações muito mais sutis. Mas na vida celeste, pela primeira vez, todo esse obstáculo é removido, e a energia acumulada imediatamente verte na reação inevitável que a lei da justiça eterna exige. Assim diz o poeta Robert Browning:

[9] Em latim, *incubus*, de *incubare*: são demônios, de várias tradições culturais, que buscam mulheres e homens para sexo. Qualquer tipo de demônio pode assumir esse papel. (N.E.)

Nunca haverá um bem perdido! O que foi, reviverá;
O mal é nulo, não é nada,
O silêncio implica som;
O que foi bom será bom, tanto para o mal, ainda mais para o bem;
Na Terra arcos quebrados:
No céu uma esfera perfeita.

Tudo o que desejamos, esperamos ou sonhamos sobre o bem existirá;
Não em sua aparência: nenhuma beleza, nem bem, nem poder
Mas em si mesmo
A voz se perdeu,
Ainda que para o melodista cada uma sobreviva
Quando a eternidade assegura a criação de uma hora.

O sublime que provou ser muito elevado,
O heroico muito difícil para a Terra,
A paixão que deixou o chão para perder-se no céu,
As músicas são enviadas a Deus pelo amante e pelo poeta;
Basta que Ele tenha ouvido uma única vez
Prontamente O ouviremos.

Outro ponto que se deve ter em vista é que o sistema pelo qual a natureza organizou a vida após a morte é o único capaz de alcançar o seu objetivo de tornar feliz cada ser em toda a sua aptidão para a felicidade. Se a alegria do céu fosse de um só tipo, segundo a teoria ortodoxa, alguém cansaria dessa felicidade ou seria incapaz de participar dela, por falta de gosto nesse sentido ou por carência da necessária educação — para não falar de outro fato óbvio, que se esse estado fosse eterno, perpetraria a mais tremenda injustiça, dando praticamente a mesma recompensa a todos que o alcançassem, sem distinguir entre os seus merecimentos.

Que outra ordenação poderia ser igualmente satisfatória com relação aos parentes e amigos? Se os mortos fossem capazes de presenciar as flutuações de fortuna dos que deixaram na Terra, a felicidade seria impossível para eles; e se, sem saber o que estava acontecendo com eles, tivessem que esperar até a morte de seus amigos antes de encontrá-los, haveria um doloroso período de suspense, que poderia se estender por longos anos, enquanto o amigo, em muitos casos, retornaria tão mudado que não seria mais reconhecido.

No sistema tão sabiamente produzido pela natureza se evitam todas estas dificuldades, cada qual determina, segundo as causas que estabelece durante a sua vida terrena, a duração e o tipo de sua vida celeste; portanto, ele obterá exatamente a quantidade merecida, e exatamente a qualidade de alegria mais adequada às suas idiossincrasias. Estarão continuamente com ele aqueles a quem mais amou, sem que nunca apareça nem a mais leve sombra de discórdia nem de mudança entre eles, pois ele recebe deles exatamente o que deseja receber. De fato, a harmonia estabelecida é infinitamente superior a qualquer outra que o indivíduo pudesse imaginar, como seria de esperar, afinal não passaria de especulações do que lhe pareceria melhor. Mas a verdadeira ideia é a de Deus.

A renúncia à vida celeste

Há muito tempo é do entendimento dos estudantes do Ocultismo que as possibilidades de progresso mais rápido, à medida que o ser humano avança, é o de "renunciar à recompensa do *Devachan*", como tem sido chamado — isto é, renunciar a vida de felicidade no mundo celeste entre duas encarnações, a fim de retornar mais rapidamente para continuar o trabalho no Plano Físico. Vale dizer porém, que teremos muito mais probabilidade de chegar a um entendimento correto da vida celeste se a considerarmos como o resultado necessário da vida terrena, e não como sua recompensa.

No curso de sua existência física, um indivíduo põe em movimento, através de seus pensamentos e elevadas aspirações, aquilo que pode ser descrito como certa quantidade de força espiritual, que reagirá sobre ele quando atingir o Plano Mental. Se houver pouco dessa força, comparativamente logo estará esgotada, e a vida celeste será curta; se, ao contrário, grande porção tiver sido gerada, um espaço de tempo correspondente será necessário para o seu pleno funcionamento, e o céu será muito prolongado.

Assim, à medida que o indivíduo se desenvolve espiritualmente, suas vidas no mundo celeste se tornam mais longas, mas não se deve supor que seu progresso seja retardado ou que sejam diminuídas suas oportunidades de ser útil. Para todos, exceto para alguns indivíduos muito avançados, a vida celeste é absolutamente necessária, porque somente sob as condições da vida celeste é possível que suas aspirações se convertam em faculdades, suas experiências em sabedoria; e o progresso que assim é feito pela alma é muito maior do que seria possível, se, por algum milagre, ele permanecesse encarnado durante este período. Se fosse de outra maneira, toda a lei da natureza se estultificaria a si mesma, pois quanto mais ele próximo estivesse de atingir seu grande objetivo, mais determinados e formidáveis seriam os seus esforços para vencê-la — dificilmente seria uma visão razoável de uma lei que sabemos ser uma expressão da mais exaltada sabedoria!

A renúncia à vida celeste não está ao alcance de todos. A Grande Lei não permite que cada um renuncie cegamente ao que desconhece, nem lhe consente desviar-se do curso regular de sua evolução, a menos e até que tenha certeza de que tal desvio resulte posteriormente em seu benefício.

A regra geral é que a ninguém pode renunciar à felicidade da vida celeste sem que a tenha experimentado durante a vida terrena — até que esteja suficientemente evoluído a ponto de ser capaz de elevar-se conscientemente ao mundo celeste e trazer de volta consigo uma memória clara e completa do esplendor que transcende a concepção terrestre.

Uma pequena reflexão tornará óbvio o motivo e a justiça disso. Pode-se dizer que, uma vez que se trata do progresso da alma, bastaria que o indivíduo, em seu próprio plano, compreendesse a conveniência de renunciar à felicidade celeste, e obrigasse então o seu eu inferior a atuar em conformidade com tal decisão. Mas este procedimento não seria de estrita justiça, porque a felicidade celeste, nos níveis de *rūpa*, embora pertencendo ao Ego, somente pertence a ele como manifestação que ocorre através da personalidade. É a vida dessa personalidade, com todo o seu ambiente familiar, que prossegue no mundo celeste inferior. E assim, antes que a renúncia possa ocorrer, essa personalidade deve perceber claramente o que ela está abandonando; a mente inferior deve estar em consonância com a mais elevada renúncia.

Ora, tal compreensão obviamente implica em que o indivíduo possua, durante a vida terrena, uma plena consciência no Plano Mental, equivalente àquela que teria após a morte. Porém, a maior parte da humanidade está ainda em evolução, que ocorre de baixo para cima, por assim dizer, e está efetivamente consciente apenas no corpo físico. Seus corpos astrais são, em sua grande maioria, disformes e desorganizados — na verdade, são pontes de comunicação entre o Ego e sua vestimenta física e até mesmo receptores para as sensações, mas em nenhum sentido são instrumentos na mão do ser humano real ou expressões adequadas dos seus futuros poderes no Plano Astral.

Nas raças mais avançadas da humanidade, encontramos o corpo astral muito mais desenvolvido, e a consciência, em muitos casos, potencialmente plena, embora, mesmo assim, na maioria das circunstâncias, o indivíduo ainda é totalmente egocêntrico — consciente, principalmente, de seus próprios pensamentos, porém pouco do seu ambiente. Para avançar ainda mais, alguns poucos dos que adotaram o estudo do Ocultismo têm sido normalmente despertados nesse plano e, portanto, deram início ao pleno uso de suas faculdades astrais, obtendo, em muitos aspectos, grande benefício disso.

No entanto, isso não implica em que estes indivíduos, necessariamente, se lembrem no Plano Físico, mesmo que por algum tempo considerável, das atividades e experiências de sua vida astral. Como regra geral, eles o fazem de forma parcial e intermitente, mas há casos em que, por várias razões, praticamente nenhuma lembrança daquela existência superior encontra passagem no cérebro físico.

Qualquer tipo de consciência definida no Plano Mental indicaria, é claro, ainda mais progresso, e no caso de um indivíduo desenvolvendo-se de forma normal e regular, deveríamos esperar que tal consciência tivesse estabelecido uma firme conexão entre o astral e o físico. Porém, nesta condição unilateral e artificial que chamamos de civilização moderna, nem todos sempre evoluem com regularidade, e há casos em que um considerável grau de consciência no Plano Mental tem sido adquirido e devidamente conectado à vida astral, ainda que nenhum conhecimento de toda a existência superior penetre no cérebro físico.

Estes casos são muito raros, porém certamente existem, e neles vemos desde logo a possibilidade de uma exceção à regra. Uma personalidade deste tipo poderia estar bastante evoluída para usufruir da indescritível felicidade celeste e adquirir o direito de renunciar a ela, embora só fosse capaz de transferir a recordação do deleite à vida astral e não à vida física. Mas, segundo a hipótese de que a vida astral seria de plena e perfeita consciência para a personalidade, semelhante recordação bastaria para satisfazer os quesitos da justiça, embora nem a mais leve noção deste processo alcançasse a consciência física.

O grande ponto a ter em mente, uma vez que a personalidade deve renunciar, é que ela também deve experimentar e trazer de volta a lembrança a algum plano no qual ela funcione normalmente e em plena consciência; mas esse plano não precisa ser físico se estas condições forem cumpridas no astral. Tal caso seria improvável de ocorrer, exceto entre aqueles que já eram pelo menos alunos probatórios de um dos Mestres de Sabedoria.

O indivíduo que deseja executar esta grande façanha deve, portanto, trabalhar com a mais intensa seriedade para se tornar um instrumento digno nas mãos daqueles que ajudam o mundo — deve lançar-se ao trabalho pelo bem espiritual dos outros com mais devotado fervor, não assumindo, de forma arrogante, que já está apto para tão elevada honra, mas humildemente esperando que, talvez, após uma ou duas vidas de esforço extenuante, seu Mestre lhe diga que chegou a hora em que, para ele, isso também pode ser uma possibilidade.

Níveis mais elevados

Passaremos agora dos quatro níveis inferiores ou *rūpa* do Plano Mental, nos quais o ser humano funciona em sua personalidade temporária, para considerar os três níveis superiores (subplanos causais) ou *arūpa*, seu lar verdadeiro e relativamente permanente. Aqui, até onde ele observa, vê claramente, pois subiu acima das ilusões da personalidade e do meio de refração do eu inferior, e embora sua consciência possa estar ofuscada, sonhadoramente desatenta e pouco desperta, ainda assim sua visão é, pelo menos, verdadeira, embora limitada. As condições de consciência são tão distintas das com as quais estamos familiarizados no mundo físico, que todos os termos conhecidos pela psicologia são inúteis e enganosos. Esse Plano é o reino do número em contraste com o do fenômeno, das causas em contraste com os efeitos, das essências em oposição às formas, mas ainda é um mundo de manifestação, embora real, se comparado com as ilusões dos mundos inferiores, e também há nele formas, porém de matéria tenuíssima e de essência sutil, mas ainda é um mundo de manifestação, por mais real que seja em oposição às irrealidades dos estados inferiores, e ainda tem formas, por mais raras e sutis que sejam em sua essência.

Terminado o período a que chamamos vida celeste, a alma tem que passar por outra fase de existência antes de renascer na Terra, e embora para a maioria das pessoas seja muito curto este período, não devemos ignorá-lo se quisermos ter um conceito completo da vida superfísica do ser humano.

Estamos perpetuamente interpretando mal a vida do ser humano, porque temos o hábito de uma visão parcial, desconsiderando por completo sua real natureza e finalidade. De modo geral, olhamos para a vida do ponto de vista do corpo físico, e não da alma; e, portanto, deixamos o todo completamente fora de proporção. Cada movimento do Ego em direção a esses planos inferiores e seu retorno aos superiores é, na realidade, uma imensa linha circular; uma circunferência da qual tomamos o arco inferior e o consideramos como uma linha reta, dando uma importância indevida aos extremos, enquanto o verdadeiro ponto de virada do círculo naturalmente nos escapa por completo.

Pensemos em como deve o Ego sentir-se quando consciente em seu próprio plano. Em obediência ao desejo de manifestação que encontra dentro de si, estando impresso em si a Lei de Evolução, que é a vontade do *logos,* ele então imita a ação desse, espargindo-se em planos inferiores.

No decorrer desse processo, o Ego se veste com a matéria dos vários planos pelos quais ele passa — mental, astral e físico, o tempo todo pressionando para fora. Na primeira parte do curto período de existência no plano físico, a que chamamos vida, é ainda intensa a força para o exterior, porém, no meio da vida esta força se exaure e começa o grande giro para o interior.

Não que haja qualquer mudança súbita ou violenta, pois isso não é um ângulo, mas ainda faz parte da curva do mesmo círculo – correspondendo exatamente ao momento do afélio no curso de um planeta ao redor de sua órbita. No entanto, esse é o verdadeiro ponto de virada no pequeno ciclo de evolução, embora conosco não seja acentuado de forma alguma. No antigo esquema indiano de vida, ele foi assinalado como o fim do período de *grishastha* ou aquele que vive em uma casa com sua família.

A partir desse ponto, não deve haver nada além de um recolhimento para o interior de toda a força do indivíduo, e sua atenção precisa retirar-se mais e mais das coisas terrenas, concentrando-se naquelas dos planos superiores – dessa forma, vemos quão excessivamente são pouco adequadas as condições modernas da vida europeia.

O ponto em que o indivíduo desprende-se de seu corpo físico não é especialmente importante neste arco de evolução — de modo algum tão importante quanto à próxima mudança, que chamamos de sua morte no plano astral e de seu nascimento no mundo celeste, ainda que seja simplesmente a transferência da consciência da matéria astral para a mental no decurso do mesmo processo de retração o qual já mencionamos.

O resultado final da vida só é conhecido quando, nesse processo de recolhimento, a consciência está mais ou menos centrada no Ego, em seu verdadeiro lar no mundo celeste superior; então, é visto que ele adquiriu novas qualidades no curso daquele pequeno ciclo particular de sua evolução. Na mesma época, também, é obtido um vislumbre da vida como um todo. A alma tem, por um momento, um claro vislumbre de consciência, em que vê os resultados da vida que acabara de passar, e também algo do que se seguirá em seu próximo nascimento.

Não se pode dizer que esse vislumbre envolva apenas um conhecimento da natureza da próxima encarnação, exceto em seu sentido mais vago e geral. Sem dúvida, o principal objetivo da vida futura poderia ser visto, – visão valiosa para a alma – especialmente como uma lição do resultado *kármico* de sua ação passada. Uma oportunidade é oferecida à alma, que é aproveitada parcialmente, conforme o grau de desenvolvimento já alcançado.

No princípio a alma aproveita muito pouco, já que é vagamente consciente e despreparada para apreender os fatos com suas variadas inter-relações; porém gradualmente aumenta o seu poder de apreciar, e mais tarde a sua habilidade de recordar tais lampejos obtidos no fim de sua vida passada e compará-los entre si, de modo a avaliar o progresso que terá que percorrer ao longo do caminho.

Terceiro subplano: o quinto céu

É o mais baixo dos subplanos *arūpa* e também a mais povoada de todas as regiões com as quais estamos familiarizados, porque ali estão presentes os quase sessenta bilhões de almas comprometidas na atual evolução humana, exceto um número relativamente exíguo das capazes de atuar no segundo e primeiro subplanos. Cada alma está representada por uma forma ovoide — a princípio um mero filme, incolor e quase invisível, da mais tenra consistência; mas à medida que o Ego se desenvolve, esse corpo vai mostrando uma radiante iridescência semelhante à das bolhas de sabão, de modo que as cores brincam em sua superfície como mudam os matizes em uma cachoeira iluminada pelos raios do Sol.

Composta de matéria inconcebivelmente fina, delicada e etérea, intensamente viva e pulsante com fogo vivo, torna-se, à medida que sua evolução avança, um globo radiante de cores brilhantes, suas altas vibrações emitem ondas de tons variáveis sobre sua superfície — matizes desconhecidos na Terra, brilhantes, suaves e luminosos, que a linhagem humana é incapaz de descrever. Se imaginarmos as cores de um pôr do sol no Egito e acrescentarmos a esses matizes a maravilhosa suavidade do céu inglês ao cair da tarde — de modo a se elevarem em translucidez e esplendor, como brilha uma caixa de biscoito pintada por uma criança — ninguém que não tenha visto poderá imaginar a beleza desses globos radiantes que incidem no campo de visão do clarividente, à medida que ele se eleva para o nível desse mundo celestial.

Os corpos causais estão repletos de um vívido fulgor desenhado a partir de um plano superior, de modo que os globos parecem conectados por um tremulante fio de intensa luz que recorda a frase da Estância de *Dzyan*: "A Centelha pende da Chama pelo finíssimo fio de *Fohat*". Conforme a alma avança, aumenta sua capacidade de receber mais e mais do inesgotável oceano do Espírito Divino que flui pelo fio que amplia sua espessura para facilitar a passagem da corrente, de modo que até o próximo subplano, que pode ser simbolizado como tromba ou coluna d'água conectando o céu e a terra, e ainda mais elevado aparece um grande globo do qual emana uma fonte viva, em que o corpo causal parece fundir-se na luz vertida. Nas Estâncias de *Dzyan*[10] , também encontramos o seguinte: "O fio que une o Vigilante Silencioso à sua sombra torna-se mais e mais forte e radiante a cada Mutação. A luz do Sol da manhã se transformou no esplendor do meio-dia... "Eis a tua Roda atual" — diz a Chama à Centelha. "Tu és eu mesma, minha imagem e minha sombra. Eu me revesti de ti, e tu és o meu *Vāham* (meu veículo) até o dia 'Sê conosco', quando voltarás a ser eu mesma, e os outros tu mesma e eu".

As almas encarnadas em corpo físico se distinguem das desencarnadas pela diferente tônica vibratória da superfície dos globos, razão por que não há nesse subplano dificuldade em reconhecer à primeira vista se uma alma está ou não em corpo físico. A imensa maioria, seja dentro ou fora do corpo, é apenas sonhadoramente semiconsciente, embora poucas estão como pálidos fil-

---

[10] BLAVATSKY, H. P., *A Doutrina Secreta*. São Paulo: Pensamento, 1980. p. 99 [Estância VII]. (N.E.)

mes; as que estão plenamente conscientes são exceções marcantes e brilhantes, destacando-se entre as multidões menos radiantes, como estrelas de primeira grandeza, e entre essas, e aquelas menos desenvolvidas, uma variedade de beleza e tamanho de cor — cada uma representando o exato estágio da evolução que a alma alcançou.

A maioria não está ainda suficientemente definida, mesmo em sua consciência atual, para compreender as leis da evolução a que se acha sujeita; anseia encarnar em obediência ao impulso da Vontade Cósmica, e também devido à *Tanhā*, sede cega de vida manifestada — o desejo de encontrar alguma região onde possa sentir e estar consciente da vida. Pois em seus estágios iniciais, essas almas não desenvolvidas não podem sentir as intensas vibrações, rápidas e penetrantes, da matéria altamente refinada de seu próprio plano; os movimentos fortes e grosseiros, mas relativamente lentos da matéria mais pesada do Plano Físico, são os únicos que podem evocar qualquer resposta dessas almas. Portanto, é somente no Plano Físico que elas se sentem vivas, e isso explica seu forte desejo de renascimento na vida terrena. Assim, por algum tempo, o desejo dessas almas está totalmente de acordo com a lei da evolução, já que elas só podem se desenvolver por meio de impactos externos, para os quais são gradualmente despertadas ao ponto de responder, e, nesse estágio inicial, somente a vida física pode proporcionar-lhes isso. O corpo astral que até então só tinha servido de ponte para transmitir sensações à alma, começa então a ser um veículo definido que as almas podem utilizar, e a consciência se focaliza mais nas emoções do que nas sensações meramente físicas.

Num estágio posterior, mas sempre pelo mesmo processo de aprender a responder aos impactos externos, as almas aprendem a concentrar a consciência no corpo mental — a viver segundo as imagens mentais que elas produziram para si mesmas, bem como aprendem a dominar suas emoções por meio do pensamento. E através de um longo caminho, a alma concentra a consciência no corpo causal e então reconhece sua verdadeira vida. Quando a reconhecer, estará em um subplano mais elevado, e a existência terrena não será mais necessária para ela; porém, no momento, estamos tratando das almas menos evoluídas, que ainda se apresentam tateando, acenando os tentáculos no oceano da existência no planos inferiores da vida, ainda que elas não estejam conscientes de que suas personalidades são os meios pelos quais elas serão nutridas e crescerão. Elas não veem nada do seu passado ou do seu futuro, não sendo ainda conscientes em seu próprio plano. Ainda assim, à medida que lentamente absorvem as experiências, assimilando-as, cresce a sensação de que algumas coisas são boas e outras não, e isso se expressa de forma imperfeita na personalidade conectada, como o início de uma consciência, surgindo então um incipiente sentimento do que é certo e errado; e, gradualmente, conforme se desenvolve, esse sentimento se formula de maneira cada vez mais clara na natureza inferior, tornando-se um guia de conduta menos ineficiente.

Por meio das oportunidades que deparam os lampejos da plena consciência que temos aludido, as almas mais avançados desse subplano se desenvolvem até o ponto de se engajarem no estudo de seu passado, assinalando as causas que o estabeleceram e aprendendo muito desta retrospecção, de modo que os novos impulsos enviados para baixo tornam-se mais claros e definidos, traduzindo-se na consciência inferior como convicções firmes e imperativas intuições.

Não há necessidade de repetir que as imagens mentais dos níveis de *rūpa* não são conduzidas para o mundo celeste inferior; toda ilusão agora é passada, e cada alma conhece sua verdadeira família, vê a si e aos demais em sua verdadeira natureza, como um ser imortal que passa de vida em vida com os laços inalterados, que são unidos com o seu verdadeiro Ser .

Segundo subplano: o sexto céu

Da região densamente povoada que estamos considerando, passamos a outra muito menos povoada, como se passássemos de uma cidade populosa a uma aldeia tranquila; porque no atual estágio da evolução humana, somente uma exígua minoria de indivíduos elevou-se a esse nível mais elevado, onde mesmo os menos evoluídos desse subplano são definitivamente conscientes de si mesmos e de tudo o que os rodeia. Eles são capazes de, pelo menos até certo ponto, rever com alguma extensão o seu passado, estando cientes do método e da finalidade da evolução. A alma sabe que está engajada em um trabalho de autodesenvolvimento e reconhece as etapas da vida física e pós-morte através dos quais ela passa em seus veículos inferiores. Ela vê, como parte de si mesma, a personalidade com a qual está ligada e esforça-se em guiá-la, valendo-se do seu conhecimento do passado como um acervo de experiências a partir do qual formula princípios de conduta com claro e imutável conhecimento do bem e do mal, transmitindo-os à sua mente inferior, vigiando e dirigindo suas atividades. Embora durante a primeira parte de sua vida a alma tenha fracassado repetidamente nesse subplano, no sentido de fazer a mente inferior entender logicamente os princípios que lhes foram impressos, termina por fixar na vida da mente inferior os incontrastáveis conceitos de verdade, justiça e honra.

Existem regras de conduta impostas pelas sanções sociais, nacionais e religiosas, que guiam o indivíduo em sua conduta diária, e que não obstante ele pode transgredir pela força da tentação ou alguma onda de paixão e desejo dominador; porém há algo, como a mentira, a traição ou a desonra que o indivíduo evoluído é incapaz de fazer. No mais íntimo de seu ser, certos princípios estão desenvolvidos e é impossível trabalhar contra eles, não importa qual seja a pressão das circunstâncias ou a intensidade da tentação, pois são princípios inerentes à alma. Contudo, mesmo que consiga guiar seus veículos inferiores, não é ainda claro e preciso o conhecimento deles e de suas ações. A alma vê vagamente os planos inferiores, entendendo seus princípios, ao invés dos pormenores, e parte de sua evolução nesse subplano consiste em pôr-se mais e mais conscientemente em contato direto com a personalidade que, de forma tão imperfeita, a representa nos mundos inferiores.

Do que foi dito, se infere que só se encontram nesse subplano as almas que anseiam o aperfeiçoamento espiritual e, portanto, são capazes de receber a influência dos planos superiores. Amplia-se o canal de comunicação pelo qual flui mais energia. Sob esta influência, o pensamento adquire uma qualidade singularmente clara e penetrante, mesmo nas almas menos desenvolvidas, e o efeito desta qualidade se mostra na mente inferior como uma tendência à filosofia e às ideias abstratas. Nas almas mais evoluídas, a visão do passado tem muito maior alcance, reconhecendo as causas estabelecidas, como atuaram e o que ainda falta para esgotar seus efeitos.

As almas residentes nesse subplano têm amplas oportunidades de progresso quando estão livres do corpo físico, porque podem receber ensinamentos de entidades muito adiantadas e colocam-se em contato direto com os seus Instrutores, não mais por meio de imagens mentais, e sim, pelos lampejos luminosos impossíveis de descrever, em que a essência das ideias voa como uma estrela de uma a outra alma, e suas correlações se manifestam como ondas luminosas dimanantes da estrela central, não necessitando uma enunciação separada. No segundo subplano, um pensamento pode ser comparado a uma lâmpada colocada num aposento, que clareia todos os objetos circundantes sem necessidade de palavras para descrevê-los.

Primeiro subplano: o sétimo céu

Esse é o mais glorioso subplano do mundo mental, no qual moram poucas entidades pertencentes à nossa humanidade que são os Mestres de Sabedoria e Compaixão e seus discípulos iniciados. A beleza de forma, cor e som é inefável nesse subplano, porque não há na linguagem humana palavras que possam expressar tão radiantes esplendores. Suficiente dizer que eles são, e alguns de nossa raça se revestem desses esplendores, o mais sincero que outros possam ser, a fruição a qual a semente foi semeada nos planos inferiores. Eles completaram a evolução mental, de modo que neles o mais elevado sempre resplandece nos planos inferiores. Caiu de seus olhos a venda da ilusão pessoal, e eles reconhecem que não são a natureza inferior, mas somente a usam como um veículo da experiência. A personalidade pode ainda ser obstáculo ou perturbar as almas menos evoluídas, porém, Eles não caem no erro de confundir o veículo com a alma por detrás dele. A partir disso, Eles se previnem ao transportar suas consciências através de ininterruptas existências, não apenas de um dia para outro, mas de vida após vida, sem necessidade de olhá-las retrospectivamente, pois todas constituem uma só.

Nesse subplano, a alma é consciente do mundo celeste inferior, assim como do seu próprio mundo, e se ela tem uma manifestação como forma-pensamento na vida celeste de seus amigos, ela poderá aproveitar essas formas adicionais para a sua plena expressão [interagindo com eles]. No terceiro subplano, e mesmo na parte inferior do segundo, sua consciência dos subplanos inferiores ainda é fraca, e sua ação nas formas-pensamentos é instintiva e automática. Porém, assim que acessou o segundo subplano, sua visão rapidamente se tornou mais clara, e ela feliz reconheceu as formas-pensamento como veículos pelos quais era capaz de melhor se expressar através da personalidade.

Agora a alma atua em seu corpo causal, envolta na magnificente luz e esplendor do sétimo céu, e sua consciência está instantânea e perfeitamente ativa em qualquer ponto dos subplanos inferiores, para os quais ela deseja se dirigir, e pode, portanto, projetar intencionalmente energia em tal forma-pensamento para usá-la com o propósito de dar ensinamento.

A partir desse supremo subplano do mundo mental flui, a maioria das influências dos Mestres de Compaixão e Sabedoria, enquanto trabalham em favor da evolução humana e atuam diretamente sobre as almas humanas, vertendo sobre elas as inspiradoras energias, que estimulam o progresso espiritual, iluminam o intelecto e purificam as emoções. Daí o gênio recebe a luz que o ilumina; aqui todos os esforços de elevação encontram orientação. Assim como os raios de Sol caem por toda a parte a partir de um centro, e cada corpo que os recebe os aproveita segundo sua natureza, assim, dos Irmãos Maiores da humanidade flui, sobre todas as almas, a luz e a vida que têm por missão difundir, e cada qual aproveita o que é capaz de assimilar para seu crescimento e evolução. Deste modo, como em todas as coisas, o mais excelso resplendor do mundo celeste se encontra na glória do serviço, e aqueles que completaram a evolução mental são as fontes por onde flui a força auxiliadora dos que ainda estão na linha ascendente.

II - Habitantes não humanos

Ao buscar descrever os habitantes não humanos do Plano Mental, nos deparamos com dificuldades insuperáveis, porque, ao tocar o sétimo céu, entramos, pela primeira vez, em contato com um plano cósmico em sua extensão — no qual, portanto, podemos encontrar entidades que a linguagem humana é incapaz de descrever.

Para nosso propósito neste estudo, será melhor prescindirmos inteiramente da numerosa hoste de seres cujo alcance é cósmico, e limitar estritamente nossas observações a respeito dos habitantes peculiares do Plano Mental de nossa própria cadeia de mundos. O mesmo procedimento foi adotado no livro *O Plano Astral*, prescindindo dos visitantes de outros planetas e sistemas, embora visitantes ocasionalmente encontrados lá fossem muito mais frequentes aqui; parece que nesse caso também é melhor aderir à mesma regra. Algumas palavras, portanto, sobre a essência elemental do plano e dos setores do reino *dévico* que estão especialmente conectadas com ele, e a extrema dificuldade de expor essas ideias relativamente simples, demonstrará quão impossível seria tratar de outras que complicariam a questão.

A Essência Elemental

Recordemos que numa das primeiras cartas recebidas de um Adepto, ele nos dizia que compreender a condição dos primeiros e segundos reinos elementais era impossível, exceto para um iniciado — uma observação que demonstra quão incompleto deve ser o nosso esforço para descrevê-la no Plano Físico. Antes de tudo, convém ter uma ideia exata do que seja essência elemental, porque é um ponto no qual parece existir muita confusão, mesmo entre os que têm avançado notavelmente nos estudos da literatura teosófica.

O que é

Essência elemental é o nome que se dá à essência monádica, durante certos estágios iniciais de sua evolução, que pode ser definida como a efusão para a matéria do fluxo da Vida Divina do Segundo *logos*. Sabemos que antes que a essência monádica chegue à etapa de individualização, em que forma o corpo causal do ser humano, ela passou e nutriu, por sua vez, seis etapas inferiores da evolução, que são: o reino mineral, o vegetal e o animal e os três reinos elementais. Ao se energizar através desses respectivos estágios, às vezes tem sido chamada de mônada mineral, vegetal e animal — embora esta denominação seja incorreta, porque muito antes de chegar a qualquer um desses reinos tornou-se não apenas uma, mas muitas mônadas. Mas adotou-se o nome Mônada para expressar a ideia de que, embora a diferenciação na essência monádica já tenha se estabelecido há muito tempo, ela ainda não havia sido levada ao extremo da individualização. Quando a essência monádica está se energizando através dos três grandes reinos elementais, que precedem ao mineral, é denominada de "essência elemental".

O velar do Espírito

Mas antes de ser possível compreender a natureza da essência monádica e como se manifesta nos distintos planos, é preciso conhecer o método no qual o espírito se envolve ao descer à matéria. Não tratamos agora da formação original da matéria dos planos, e sim da descida de uma nova onda de evolução na matéria já existente.

Antes do período de evolução a que nos referimos,

a onda de vida tinha evoluído durante inumeráveis eras, de uma maneira quase incompreensível para nós, nos sucessivos agrupamentos de átomos, moléculas e células; porém prescindiremos da primeira parte deste estupendo processo evolutivo, e somente consideraremos a descida da onda de vida na matéria dos planos, que é mais compreensível para o intelecto humano, embora ainda muito distante do Plano Físico.

Entenda-se, então, que quando o espírito repousa sobre qualquer plano (não importa qual), em seu caminho de descida na matéria, é impulsionado pela irresistível força de sua própria evolução, e que para avançar para o plano logo abaixo e ali manifestar-se, envolve-se pelo menos na matéria atômica desse plano inferior — desenha em torno de si, como um corpo, um véu dessa matéria, que atuará como alma ou força energizante. Da mesma forma, quando continua a sua descida a um terceiro plano, deve envolver-se na matéria desse plano, e teremos, então, uma entidade cujo corpo ou revestimento externo consista na matéria atômica desse terceiro plano.

Mas a força energizante dessa entidade – alma, por assim dizer – não será espírito nas condições em que estava no plano superior no qual o encontramos pela primeira vez; será aquele espírito, acrescido do véu da matéria atômica do segundo plano através do qual ele passou.

Quando há uma descida ainda maior para o quarto subplano, a entidade torna-se mais complexa, pois terá um corpo da matéria desse quarto subplano animando, então, a alma já duas vezes velada pela matéria atômica do segundo e terceiro subplanos. Será visto que, como esse processo se repete para cada plano do Sistema Solar, quando a força original atinge nosso nível físico, está tão completamente velada que o indivíduo não mais se reconhece como espírito.

Por exemplo, suponhamos que um clarividente destreinado se proponha a investigar a mônada mineral — para examinar a força vital por trás do reino mineral. A visão deste clarividente se limitaria ao Plano Astral, e provavelmente seria imperfeita mesmo ali; então, para ele essa força vital pareceria simplesmente astral. Porém, um estudante treinado observaria que aquilo que o estudante não treinado considerara como força astral era simplesmente matéria astral atômica posta em movimento por uma força procedente da parte atômica do Plano Mental. Os estudantes mais avançados poderiam ver que a matéria atômica mental é o veículo no qual algo do mais elevado subplano *Búddhico* estaria funcionando; enquanto um Adepto veria que a matéria *Búddhica* é apenas o veículo do *Nirvânico*, e que a força operante em todos estes sucessivos véus surgiu na realidade de fora do Plano Cósmico *Prākriti*[11], sendo simplesmente uma das manifestações da Força Divina.

---

[11] A Natureza em geral; a Natureza em contraposição à Natureza espiritual e o Espírito, que juntos são os "dois aspectos primitivos da Divindade única desconhecida". (*A Doutrina Secreta, Volume I*). (N.E.)

O Reino Elemental

A essência elemental do Plano Mental constitui os dois primeiros reinos elementais. A Onda da Vida Divina, tendo terminado sua evolução descendente num *eon* anterior através do Plano *Búddhico*, verte sobre o sétimo céu e anima grandes massas de matéria atômica mental, tornando-se assim a essência do primeiro reino elemental. Nesse reino, esta simples condição não transforma os átomos em moléculas para formar um corpo para si mesmo, mas simplesmente aplica, através de sua atração, uma imensa força a eles. Podemos imaginar que a força, em sua descida, alcançando primeiramente esse plano, esteja inteiramente desabituada com suas vibrações e, inicialmente, incapaz de responder a elas. Durante a eternidade que passa nesse nível, sua evolução consistirá em acostumar-se a vibrar em todas as velocidades ali possíveis, de modo que a qualquer momento possa alimentar e utilizar qualquer combinação da matéria desse plano. Durante este longo período de evolução, terá tomado sobre si todas as combinações possíveis da matéria dos três níveis *arūpa*, e no fim do tempo retornará ao nível atômico — não, é claro, como era antes, mas levando latentes todas as possibilidades adquiridas.

Na longa fase seguinte, a essência elemental passa ao quarto subplano mental — isto é, o mais elevado dos subplanos *rūpicos* — e atrai para si um corpo da matéria desse subplano. Então é a essência elemental do segundo reino em sua condição mais simples; mas no transcurso de sua evolução, assume variados tipos, compostos de todas as combinações possíveis de matéria dos subplanos inferiores.

Parece lógico supor que esses reinos elementais que existem e funcionam no Plano Mental, sendo certamente muito mais elevados, devem estar ainda mais avançados na evolução do que o terceiro reino, que pertence exclusivamente ao Plano Astral. Isso, no entanto, não é assim, pois é preciso lembrar que, ao falar dessa fase da evolução, a palavra "elevado" não significa, como de costume, mais avançado, mas ao contrário, significa menos avançado, pois aqui estamos lidando com a essência monádica no impulso descendente de seu arco; o progresso para a essência elemental significa a descida à matéria, e para nós, contrariamente, significa a ascensão em direção aos planos superiores. A menos que o estudante tenha em mente esse fato de forma constante e clara, ele se verá novamente perturbado por anomalias desconcertantes, e sua visão deste lado da evolução estará carente de compreensão e abrangência.

Tudo quanto expusemos ao tratar da essência elemental no livro *O Plano Astral* pode aplicar-se ao Plano Mental, e tudo o que é dito sobre o número de subdivisões nos reinos e sua maravilhosa imprevisibilidade pelo pensamento humano é igualmente verdadeiro para essas variedades celestiais. Algumas palavras talvez devam ser ditas para explicar como as sete subdivisões horizontais de cada reino se organizam em conexão com as várias partes do Plano Mental. No caso do primeiro reino, sua maior subdivisão corresponde ao primeiro subplano, enquanto o segundo e o terceiro subplanos são divididos em três partes, cada uma das quais é o *habitat* de uma das subdivisões elementares. O segundo reino se distribui pelo mundo inferior celeste, sua maior subdivisão corresponde ao quarto subplano, enquanto o quinto, sexto e sétimo subplanos são divididos em dois de forma a acomodar o restante.

Como a Essência Evolui

Muito foi anteriormente escrito neste livro quanto ao efeito do pensamento sobre a essência elemental do Plano Mental, que não será necessário repetir agora. Recordemos que ela é muito mais sensível ao pensamento do que é no Plano Astral, a maravilhosa delicadeza com a qual ela responde à ação mais tênue da mente, sendo, de forma constante e proeminente, apresentada aos nossos investigadores. Compreenderemos mais plenamente esta habilidade se percebermos que nesta resposta consiste a própria vida desta matéria — cujo progresso é grandemente auxiliado pelo uso que dela fazem as mais adiantadas entidades de cuja evolução ela compartilha.

Se pudéssemos imaginar a matéria mental livre da ação do pensamento, apareceria como um conglomerado disforme de átomos infinitesimais em movimento, com maravilhosa intensidade de vida, embora evoluam lentamente no caminho de sua descida à matéria. Mas quando o pensamento a agita, colocando-a em atividade, constrói com ela toda classe de adoráveis formas, lançando-a nos níveis *rúpicos* e provocando correntes flamejantes nos *arúpicos*; ela recebe um impulso adicional distinto, que frequentemente repetido, ajuda-a a continuar o seu caminho. Pois, sempre que um pensamento é dirigido dos níveis superiores para tratar de assuntos mundanos, ele naturalmente se precipita e assume as questões destes planos inferiores. Ao fazê-lo, ele se põe em contato com a essência elemental da qual o seu primeiro véu foi formado, e assim, pouco a pouco, se habitua a responder às vibrações da matéria menos sutil e a favorecer gradualmente a sua involução na matéria.

A essência elemental também é afetada pela música — pelo esplêndido irromper de um magnífico som, do qual falamos anteriormente, vertidas sobre esses elevados planos pelos grandes mestres da música, prosseguindo ali, em medida muito mais completa, o trabalho que haviam apenas começado na monótona Terra.

Outro ponto a ser lembrado, é a vasta diferença entre a magnitude e o poder do pensamento no Plano Mental e a relativa debilidade dos esforços da mente ao que no mundo físico chamamos pensamento, os quais se iniciam no mundo mental inferior e ao descer passam pelo astral, de cuja essência elemental se revestem; mas quando um ser humano avança até o ponto de ter sua consciência ativa em seu verdadeiro Ser no mundo celeste superior, seu pensamento começa ali e se reveste da essência elemental dos níveis inferiores do Plano Mental, de modo que é infinitamente mais sutil, mais penetrante e, de todas as formas, mais eficaz. Se o pensamento se dirige a objetos superiores, suas vibrações podem ser de caráter demasiadamente sutis para encontrar expressão no Plano Astral; mas quando eles afetam essa matéria inferior, eles o farão com um efeito muito mais abrangente do que aqueles que são gerados muito mais perto de seu próprio nível.

Se levarmos esta ideia a uma etapa mais além, veremos que o pensamento do iniciado, tomando sua ascenção sobre o Plano *Búddhico*, acima do mundo mental, reveste-se com a essência elemental dos níveis mais elevados, enquanto que o pensamento do Adepto verte a partir do *Nirvāna*, exercendo o inconcebível e formidável poder de regiões que se encontram além do alcance da mera humanidade. Assim, à medida que nossas concepções se elevam, vemos diante de nós campos de utilidade cada vez mais amplos para nossas capacidades enormemente aumentadas, e percebemos quão verdadeira é a afirmação de que o trabalho de um dia, em níveis como esses, pode muito bem superar em eficiência a labuta de mil anos no Plano Físico.

O Reino Animal

Esse reino está representado no Plano Mental por duas divisões principais. No mundo celeste inferior, encontramos as almas-grupo que estão acopladas à imensa maioria dos animais, e no terceiro subplano do corpo causal, há poucos desses individualizados, que em rigor já não são animais, pois nos oferecem o único exemplo que agora podemos ver do primitivo corpo causal em formação, debilmente colorido pelas primeiras vibrações das qualidades recém-atualizadas.

Depois de sua morte nos mundos físico e astral, o animal individualizado tem uma longa e sonolenta vida no mundo celestial inferior. Sua condição durante este tempo é análoga à do ser humano no mesmo nível, embora com muitíssimo menos atividade mental. Tem por ambiente suas próprias formas-pensamento, embora quase não seja consciente delas, incluindo as dos que foram seus companheiros e os amaram aqui na Terra. Se o sentimento amoroso e inegoísta for capaz de modelar esta imagem, também o será de alcançar a alma do amado e extrair dele uma resposta; até mesmo os animais de estimação por quem temos carinho podem nos ajudar em nossa evolução.

Quando o animal individualizado se retrai em seu corpo causal à espera que a roda da evolução lhe dê oportunidade de encarnar pela primeira vez em forma humana, parece como se perdesse toda noção das coisas externas e permanecesse em delicioso êxtase de paz e satisfação. Mesmo assim, algum tipo de desenvolvimento interior está certamente acontecendo, ainda que nos seja de difícil compreensão; porém, pelo menos é certo que para toda entidade que entra em contato com o animal, se ele estiver apenas ingressando na evolução humana ou preparando-se para avançar, o mundo celeste significa a mais elevada felicidade que essa entidade é capaz de alcançar nesse nível.

Os *Devas* ou Anjos

São os maravilhosos e exaltados seres de quem muito pouco pode ser dito em linguagem humana, e quase tudo o que deles conhecemos já foi exposto no livro *O Plano Astral*. No entanto, para os que ainda não leram o livro acima citado, vamos fazer uma explanação geral a respeito.

O sistema superior de evolução especialmente relacionado com a nossa Terra, que saibamos, é o dos seres chamados de *devas* pelos hinduístas, e que em outras religiões são chamados anjos, sons de Deus, etc. Pode-se considerar como um reino imediatamente superior ao humano, da mesma maneira que o reino humano é imediatamente superior ao animal, com a diferença de que o animal, para evoluir, tem de passar pelo reino humano, e o ser humano, quando alcança o nível de *Asekha*, o Adepto pleno, abrem-se, diante dele, vários caminhos de progresso, sendo a grandiosa evolução *dévica* apenas uma dentre esses.

Na literatura oriental, se utiliza a palavra *"deva"* com o vago significado de uma entidade não pertencente ao reino humano, e por isso às vezes inclui-se por um lado as potestades espirituais, e por outro, os espíritos da natureza e elementais artificiais. No entanto, em nosso estudo, seu uso será restrito à magnífica evolução que estamos considerando agora.

Embora relacionados com a Terra, os anjos não estão circunscritos a ela, pois toda a presente cadeia de sete mundos é para eles um só mundo, porque evoluem através de um grande sistema de sete cadeias. Até agora, seus anfitriões foram recrutados principalmente de outras humanidades no Sistema Solar, algumas mais atrasadas e outras mais adiantadas que a nossa, uma vez que muito poucos de nós, indivíduos, alcançaram a etapa de evolução requerida para ingressar no reino *dévico*; mas parece certo que algumas de numerosas classes de *devas* não passaram em sua evolução através de qualquer humanidade comparável à nossa.

Atualmente não nos é possível saber muitas coisas sobre os *devas*, embora, sem dúvida, a finalidade de sua evolução seja notadamente mais elevada do que a nossa. O que significa dizer que enquanto o objetivo da evolução humana é elevar o indivíduo para o nível de Adepto no final da sétima ronda, o objetivo da evolução *dévica* é o de elevar os da primeira categoria para um nível muito maior no mesmo período. Também para eles, como para nós, há um caminho mais íngreme, porém mais curto, para ser alcançado com o requerido esforço; mas não nos é possível nem mesmo conjecturar a respeito destas sublimes alturas.

Classificação *Dévica*

Suas três grandes divisões inferiores, começando pela inferior, são geralmente chamadas de *kāma-devas*, *rūpa-devas* e *arūpa-devas*, podem ser traduzidas como anjos do mundo astral, do celeste inferior e do celeste superior, respectivamente. Assim como o nosso corpo ordinário — o nosso corpo inferior — é o físico, então o corpo comum de um *kāma-deva* é o astral; para que ele fique, de alguma forma, na mesma posição em que a humanidade, terá que atingir o planeta F, e , vivendo ordinariamente em um corpo astral, sairia desse para as esferas mais altas em um corpo mental, assim como nós poderíamos fazer em um corpo astral; para ele não seria nenhum grande esforço entrar no corpo causal (quando suficientemente desenvolvido), tampouco para nós seria esforço utilizar o corpo mental. Da mesma forma, o corpo ordinário de *rūpa-deva* seria o mental, já que seu *habitat* são os quatro níveis *rūpa* do Plano Mental; enquanto o *arūpa-deva* pertence aos três níveis mais elevados daquele plano, e não possui um corpo mais denso que o causal. Acima dos *arūpa-devas* existem outras quatro grandes classes desse reino, habitando respectivamente os quatro planos superiores do nosso Sistema Solar; e novamente, acima e além do reino *dévico*, estão as grandes hostes dos espíritos planetários; mas a consideração de tais seres glorificados não cabe mencionar aqui.

Cada uma das grandes divisões desse reino, que foram mencionadas como habitando o Plano Mental, contém em si muitas classes. Porém, sua vida é tão diferente da nossa, que se pode dar apenas uma ideia geral dela. Não encontro melhor meio de impressão produzida na mente do nosso investigador, do que reproduzir as palavras de um deles enquanto efetuava a investigação. Ele disse:

"Senti o efeito de uma consciência intensamente exaltada e, contudo, tão estranha, tão distinta, tão completamente diferente de tudo quanto até então eu havia experimentado, que é absolutamente inútil tentar colocar em palavras".

Também é inútil ter, neste mundo físico, uma ideia do aspecto destes potentes seres, pois ela muda segundo a tônica de seus pensamentos. Anteriormente já nos referimos ao papel do magnificente e admirável poder de expressão de sua linguagem cromática, e também se infere, a partir de algumas observações passageiras feitas ao descrever os habitantes humanos, que, em certas condições, é possível que esses seres humanos atuem nesse plano e aprendam muito dos *devas*. Quando também um desses potentes seres animou a vida celeste de um corista, ensinando-lhe uma sublime música até então jamais ouvida pelos ouvidos humanos; assim como em outro caso em que os devas, relacionados com autoridades de certas influências planetárias, favoreceram a evolução de um astrônomo.

Sua relação com os espíritos da natureza lembra, embora em maior escala, a dos seres humanos com o reino animal; pois assim como o animal só pode alcançar a individualização pela associação com o ser humano, parece que uma individualidade reencarnante, permanente, pode normalmente ser adquirida por um espírito da natureza apenas por um apego de caráter um tanto semelhante aos membros de algumas das ordens de *devas*.

Por certo nada do que foi dito sobre essa excelsa evolução angélica faz mais do que pincelar os limites de um assunto extremamente importante, cuja elaboração mais completa deve ser deixada a cada leitor, quando desenvolver consciência desses planos superiores; contudo, o que foi escrito pode ser considerado pouco, mas ajudará a dar uma tênue ideia das hostes de auxiliares com as quais o avanço da evolução do ser humano o fará entrar em contato, mostrando-lhe, à medida que ascende, como, a cada aspiração, suas capacidades aumentam, ainda mais do que as benéficas combinações que a natureza lhe propiciou.

III - Habitantes artificiais

Poucas palavras precisam ser ditas sobre esse assunto. O Plano Mental é ainda mais completamente povoado pelos elementais artificiais, chamados à existência temporal pelos pensamentos de seus habitantes, do que o Plano Astral; e quando é lembrado, como pensamento, é ainda mais grandioso e poderoso no Plano Mental; e também, quando suas forças estiverem sendo exercidas não apenas pelos habitantes humanos, encarnados e desencarnados, mas pelos *devas* e visitantes dos planos superiores, podem ser vistas, de imediato, quão importantes são as influências de tais entidades artificiais.

Não examinaremos novamente o que foi tratado, no livro *O Plano Astral,* quanto ao efeito dos pensamentos e à necessidade dos indivíduos vigiá-los cuidadosamente; foi dito o suficiente para descrever a diferença entre a ação do pensamento nos níveis *rūpa e arūpa* e mostrar como o elemental artificial do Plano Mental é chamado à existência, dando uma ideia da variedade infinita de entidades temporárias que são produzidas dessa maneira, bem como a da imensa importância do trabalho que é constantemente feito por seus meios. Os Adeptos e seus discípulos iniciados fazem grande uso dessas entidades, e é desnecessário dizer que o elemental artificial, formado por mentes tão poderosas como essas, é um ser de existência infinitamente mais longa, e poder proporcionalmente maior, do que qualquer um daqueles descritos quando lidamos com o Plano Astral.

Conclusão

Em um breve olhar sobre o que foi escrito, nenhuma descrição pode representar, em palavras, as glórias inefáveis do mundo celeste. Entretanto, tal ensaio pode servir para colocar na mente do leitor alguma tênue concepção do que o espera do outro lado do túmulo; embora quando ele atingir este brilhante reino de bem-aventurança, por certo encontrará infinitamente mais do que esperava, sem desaprender qualquer informação que tenha adquirido.

O ser humano, como atualmente constituído, tem dentro de si princípios pertencentes a dois planos ainda mais elevados que o mental, pois seu *Búddhico* representa o que chamamos de Plano *Búddhico*, e seu *Ātmā* (a Centelha Divina dentro dele), sobre aquele terceiro plano do Sistema Solar, geralmente tem sido apresentado como o *Nirvânico*. No ser humano comum, esses princípios mais elevados ainda estão incipientes e, em qualquer caso, os planos aos quais pertencem ainda estão mais além do alcance de toda descrição do que o mental.

No Plano *Búddhico*, todas as limitações começam a desaparecer, e a consciência do ser humano se expande até que ele percebe, não mais apenas em teoria, mas pela absoluta experiência, que a consciência de seus semelhantes está incluída em sua própria, e sente, conhece e experimenta com absoluta perfeição e compaixão tudo o que nele existe, porque, na verdade, é parte de si mesmo.

No Plano *Nirvânico*, o indivíduo se move um passo adiante, e percebe que sua consciência e a de seus semelhantes, em um sentido mais elevado, são unas, porque todos os seres são facetas da consciência infinitamente maior do *logos*, no qual todos vivem e se movem e têm o seu ser; de modo que quando "a gota de orvalho se funde no radiante oceano", o efeito produzido é como se o processo tivesse sido revertido e o oceano se derramasse na gota, que pela primeira vez percebe que é o oceano — não uma parte dele, senão o todo. Parece paradoxal e de todo incompreensível, aparentemente impossível; contudo absolutamente verdadeiro.

Mas pelo menos podemos compreender que o estado abençoado do *Nirvāna* não é, como alguns supõem, uma condição de um espaço vazio[12], porém de intensa e

[12] No original em inglês: *blank nothingness*. (N.E.)

benéfica atividade; à medida que nos elevamos na escala da natureza, as possibilidades se tornam maiores, o nosso trabalho pelos demais mais grandioso e de maior alcance, e a infinita sabedoria e inesgotável poder significam uma capacidade interminável de serviço, porque são dirigidos pelo amor infinito.

Informações sobre Teosofia e o Caminho Espiritual podem ser obtidas na Sociedade Teosófica no Brasil, no seguinte endereço: SGAS - Quadra 603, Conj. E, S/Nº - (61) 3226-0662, CEP 70200-630.
Também podem ser feitos contatos pelo e-mail:
secretaria@sociedadeteosofica.com.br
www.sociedadeteosofica.org.br